인연

김정각 단상

글·사진 이해선

꿈의지도

이 이야기는 한 장의 사진으로부터 시작됩니다.

스칼장 아몽,
사진 속 그녀의 이름입니다.

사진 속 여자는 여행자의 사진기 앞에서 약간은 어색한 듯 약간은 수줍은 듯 희미하게 웃고 있습니다. 어릴 적 서울에서 부임해온 여선생이 찍어준 사진 속 나처럼.

그녀는 나와 동갑이라고 했습니다. 같은 해에 태어난 사람이 이 지구 위에 마치 우리 두 사람뿐이기라도 한 것 마냥, 우리는 서로를 신기한 동물 보듯 그렇게 오래 바라보았습니다.

어느 날, 책갈피에서 주소가 적힌 쪽지 한 장을 발견했습니다. 그것은 히말라야 골짜기에 있는 라다크 한 가정집의 주소였습니다.

스칼장 아몽.

나는 마치 기억을 잃어버린 사람처럼 주소 속 이름을 불러보았습니다. 그 이름의 울림 너머로 그곳에서 보낸 여름 한 철이 성큼 내게로 다가와 말을 걸었습니다. 그녀와 그 가족을 찍은 기념사진들은 주소를 찾지 못해 한동안 책상 서랍 속에서 잠을 자고 있었습니다. 나는 부랴부랴 그곳으로 사진을 부쳤습니다.

계절이 두 번 바뀌었고, 그녀에게 사진을 보냈다는 기억마저 희미해질 무렵, 컴퓨터 모니터에 새 메일이 도착했다는 메시지가 떴습니다. 발신자는 Dorjey_도르제_라고 적혀 있었습니다. 스팸메일인가? 지워버릴까 하다 기억을 다시 떠올려보았습니다. 스칼장 아몽, 그녀의 아들 이름이 도르제였지. 나는 서둘러 메일 편지함을 열었습니다. 당신이 보내준 사진을 보고 온 가족이 너무 기뻐했다며, 꼭 다시 한번 이곳에 방문해달라는 내용이었습니다. 십년 전, 어린 소년이었던 도르제가 어느새 청년이 되어 인도 델리에서 이렇게 메일을 보낸 것입니다. 나는 바로 답장을 보냈습니다. 히말라야에 눈길이 열리는 여름이 오면 그곳에 다시 가겠다고……

그녀의 집은 히말라야 첩첩산중 인도와 파키스탄
국경 마을인 누부라 밸리에 있습니다.

차례

안녕, 스칼장 아몽

영솜하우스 · 020

누부라 밸리 행 버스 · 028

마지막 국경 마을 · 038

사랑과 평화를 노래하는 여인 · 042

십년 만의 재회 · 054

다시 안녕, 스칼장 아몽 · 062

인연, 언젠가 만날

066 · 자전거를 타고 온 소년
080 · 인연, 강물처럼 흘러간
096 · 노승 롭상 눌보
114 · 내 이름은 군장돌마
122 · 만다라 꽃잎은 허공에 흩날리고
128 · 춤추던 라마승, 아짐바 소남
154 · 풍경과의 인연

푹탈곰파에서 보낸 여름 한철

오래된 미래 · 160

전설의 사원을 찾아 · 166

이차르 빌리지 · 176

동굴 사원 · 202

일상 · 208

관심 · 212

노승 · 214

키키소소 야알갈로 · 222

어떤 기도 · 228

도르제 · 234

공동체 · 238

적요 · 248

꽃도 사람도 외로운 · 256

외로움 · 260

카르마 · 264

기다림 · 268

이별노래 · 272

마부 앙두 · 276

길 위의 인생 · 282

통대곰파 · 284

장글라 · 294

조모곰파 · 300

축복의 시간

310 · 카자 행 마지막 버스

316 · 키곰파의 가을

324 · 총카파여 나는 알고 있답니다

328 · 축제, 사랑을 위하여

338 · 린포체의 축복

346 · 에필로그

안녕, 스칼장아몽

- 다시 안녕, 스칼장아몽
- 십년만의 재회
- 사랑과 평화를 노래하는 여인
- 마지막 국경마을
- 누부라 밸리행 버스
- 영솜하우스

영솜하우스

라다크 주도인 올드 레에는 새로 생긴 게스트 하우스와 선물 가게들이 즐비했습니다. 그것들은 십년이라는 시간 저편에 잠들어 있는, 희미한 기억들이 되살아나는 것을 방해했습니다. 나는 택시 기사에게 좀 천천히 가달라고 부탁했습니다. 오른쪽 포플러 나무숲 사이로 낯익은 샛길이 보였습니다. 나는 겨우 기억의 끈을 찾아 쥐었습니다. 맞아, 저쪽으로 가면 공동묘지가 있었지. 혼잣말로 뱉은 소리가 컸는지 운전사가 백미러를 통해 나를 힐끔 바라봤습니다.

공동묘지 담장 길을 따라가다 보면 버스터미널이 나왔고, 함부로 배설한 분뇨와 바람에 떨어져 뒹구는 기도깃발을 물어뜯으며 개들은 으르렁거렸지요.

내가 찾는 집은 이곳에서 100m도 채 안 되는 곳에 있습니다. 그제야 꽉 잡고 있던 택시 손잡이를 풀었습니다.

페인트가 벗겨진 낡은 대문 앞에 차가 섰습니다. 건물은 우중충하게 낡았고, 이곳이 호텔이라는 간판은 어디에도 보이지 않습니다. 옛날에도 이곳은 말이 호텔이지 작은 게스트 하우스였습니다. 전에는 그래도 나무판자에 흰색 페인트로 'HOTEL'이라고 적혀 있었는데…….

십년 전입니다. 나는 이곳 영솜하우스에 베이스캠프를 치고 라다크 여러 지방을 여행했습니다. 고갯길이 있는 땅이란 뜻의 라다크는 이름 그대로 여러 산맥들이 얽혀 있고, 또 많은 고갯길이 있습니다. 나는 그 높은 고개들을 넘나들며 여러 풍광들과 사람들을 만났습니다. 사원에서는 돌가루 만다라 제작이 한창이었고, 잔스카르 밸리에서는 축제가 한창이었지요.

내가 문 앞에서 서성이자 택시를 몰고 온 청년이 자기가 들어가 보겠다며 문고리를 잡고 두드렸습니다. 한동안 두드려보았지만 반응이 없었습니다. 사내가 문을 두드리는 사이 나는 담 너머로 정원에 있는 살구나무를 살폈습니다. 저 나무 아래서 부치지 않을 편지를 쓰던 시간이 엊그제였는데…….

돌아 나올까 하는데, 한 앳된 청년이 부스스한 눈으로 문을 열었습니다. 아직 잠에서 깨지 않은 듯 보였습니다. 해는 떠 있지만 새벽 비행기를 타고 온 탓에 지금은 채 오전 8시도 되지 않았습니다. 나는 너무 이른 시각에 그를 깨운 것이 미안했지만 마음을 다잡고, '이곳이 영솜하우스냐'고 물었습니다. 청년은 다행히도 고개를 끄덕였습니다. 청년의 대답이 나오기까지, 그 짧은 시간은 참 길게 느껴졌습니다.

이층 창문이 열리고 자그마한 체구의 여자가 밖을 내다봤습니다. 그녀도 문을 열어준 청년처럼 아직까지 자고 있었던 모양입니다. 여자는 얼굴을 찌푸리며 아침부터 웬 소란이냐는 표정이었습니다. 그녀의 얼굴을 보는 순간 용케 잘 찾아왔다는 생각이 들었습니다. 십년이라는 시간이 지났음에도 나는 그 여자가 이 집 주인인 영솜이라는 걸 금방 알아봤습니다. 그러나 그녀는 나를 쉽게 알아보지 못했습니다.

"니 밍라 군장돌마 인."

'나, 군장돌마예요'라는 뜻입니다. 내가 알고 있는 몇 마디 라다크 언어 중 하나입니다. 오랜만에 불러보는 내 이름. 내 가슴속에서도 묘한 울림이 일었습니다.

그녀는 고개를 갸웃거리더니, 이내 "오! 곤죽 곤죽"을 외치며 맨발로 달려 나왔습니다. 옛날에도 그녀는 이 곤죽이라는 단어를 자주 사용했습니다. 우리의 '세상에나'와 비슷한 표현입니다. 택시를 몰고 온 청년은 안심이 된다는 듯 환한 얼굴로 라다크 인사말인 줄레를 외치며 떠났습니다. 우리의 상봉을 주선한 것이 기쁜 모양이었습니다.

문을 열어준 청년이 짐을 옮겨주었습니다. 수줍은 듯 나를 바라보는 청년의 얼굴을 보니 어디선가 본 듯한 느낌이 납니다. 그녀는 이층 거실로 나를 안내했습니다. 집 안은 크게 달라진 게 없어 보였습니다. 창 너머로 작은 곰파가 바라보이고, 집 둘레에 높이 솟아 있던 포플러 나무들도 그대로입니다.

"바르단!"
그녀가 문을 열어주었던 청년을 불렀습니다.
바르단! 언젠가 불러보았던 이름 같았습니다. 청년이 마당에 비질을 하다 말고 달려왔습니다. 그녀는 청년에게 차를 내오도록 했습니다.
청년이 내온 버터차 한 모금을 마시자 비릿한 버터 냄새 너머로 찻잔을 나르던 한 소년의 얼굴이 떠올랐습니다.
"혹시 심부름하던 그 어린 소년이 바르단?"
영솜이 고개를 끄덕였습니다. 나는 소년을, 아니 청년이 되어 있는 바르단을 쳐다보았습니다. 처음 대문을 열어주었을 때 옆모습이 낯이 익다는 걸 이제야 알겠습니다.
소년은 그때 일곱 살이었습니다. 어린 나이로 게스트 하우스에서 허드렛일을 도와주고 있었지요.

소년의 집은 잔스카르 밸리에 있었습니다. 이곳 레에서 일주일에 한 번 있는 버스로 꼬박 이틀을 가야 하는 아주 먼 곳입니다. 그것도 히말라야 골짜기에 눈이 녹는 여름 몇 달 동안만 갈 수 있습니다.

어린 나이였지만 그때도 소년은 참 씩씩했습니다. 물차가 오는 날이면 자기 덩치만한 물통을 들고 내 방에 물을 채우기도 하고, 시도 때도 없이 찻잔을 들고 와 '군장돌마' 하고 내 이름을 부르곤 했었지요. 내 라다크 이름이 그 아이에게 친근하게 느껴졌던 모양입니다.

나를 알겠느냐고 물으니 바르단은 고개를 끄덕였습니다. 소년 바르단은 열일곱 청년으로 잘 자라, 여름이면 이곳을 찾아오는 트레킹 팀을 따라 다니며 일을 한다고 했습니다. 바르단은 포터가 필요하면 자기를 써달라며 수줍게 웃었습니다.

누부라 밸리 행 버스

스칼장 아몽이 사는 스탁샤로 가는 버스는 예나 지금이나 만원입니다. 어두운 레 시가지를 벗어난 버스는 천식환자처럼 숨을 헐떡이며 지그재그로 난 길을 힘들게 올랐습니다. 승객들은 그런 버스가 안쓰러운지 앉은뱅이 용쓰듯 함께 밭은 숨을 몰아쉽니다. 자리를 잡지 못해 통로 곡식자루 위에 앉은 사내는 내 어깨를 자신의 의자 등받이로 사용하고 있습니다. 작심하고 싫은 내색이라도 할 요량으로 그를 쏘아봤지만 사내는 마치 자기 집 안방이라도 되는 양 너무나 편하게 잠들어 있습니다. 이 힘한 길을 온종일 가려면 저런 여유 정도는 가져야 될 것 같아 사내에게로 향했던 시선을 슬그머니 거두고 말았습니다.

버스는 어느덧 고갯마루에 올랐습니다. 해발 5000m가 넘는 희박한 공기 속에서 바라본 풍경은 어느 봄날, 고뿔을 심하게 앓고 난 다음 날 본 풍경처럼 아득하기만 합니다. 멀리 보이는 카라코람 산맥의 능선도, 인더스 강이 흘러가는 라다크 밸리의 풍경도 핀이 맞지 않은 영상처럼 흐릿하게 보입니다.

서양인 여행자 둘은 이 도로가 지구별에서 자동차가 다니는 가장 높은 도로라며 기념사진을 찍습니다. 나는 몽유병 환자처럼 느릿느릿 고갯마루에 있는 서낭당 같은 곳으로 걸어갔습니다. 그곳에는 수많은 기도깃발들이 바람을 온몸으로 맞으며 나부끼고 있었습니다. 티베트 지방을 여행하다 보면 고갯마루에 펄럭이는 타루초_오방색 기도깃발_를 볼 수 있습니다. 그 깃발에는 바람에 널리 퍼져나가길 기원하는 기도문과 여러 만트라_신비하고 영적인 능력을 가졌다고 생각되는 신성한 말_가 적혀 있습니다. 사람들은 만트라가 그려진 타루초 깃발을 달거나 종이에 인쇄된 만트라를 바람에 날리면서 여행의 안녕을 빕니다.

라다크 사부라는 곳에서 유명한 샤먼을 만난 적이 있습니다. 라다크 가면극에 등장하는 복장을 한 샤먼은 바람처럼 내게 말을 던졌습니다.

> 높은 고갯마루에 타루초 깃발을 달아라.
> 그리하면 당신에게 행운이 올 거야.

나는 행운이 온다는 그 샤먼의 말을 믿고 싶었습니다. 살아오면서 늘 행운은 내편이 아니라고 생각했거든요. 레 시장에서 준비해간 타루초를 고갯마루에 걸었습니다. 산소 부족으로 조금만 움직여도 숨이 차올랐습니다. 하지만 행운을 불러올지도 모르는 일에 이 정도 고통쯤은 감내할 준비가 되어 있습니다.
방금 단 새 깃발들은 빛바랜 타루초 사이에서 선명하게 나부낍니다. 나를 떠돌게 만들었던 내 안의 바람들이 일제히 날개를 달고 저 오색 깃발에 실려 펄럭입니다.

"옴 타레 투타레 투레 스바하."

관음보살이 흘린 자비의 눈물에서 연꽃이 피어나고,
그 꽃에서 당신은 태어났지요.
자비로운 광채로 빛나는 타라 여신이여
여행길 위험으로부터 보살펴주소서.
고통의 강을 건너갈 수 있도록 도와주소서.

타루초야 바람에게 내 인사를 전하렴.
타루초야 바람에게 내 기원을 전하렴.
타루초야 타라 여신에게 내 안녕을 빌어주렴.

마지막 국경 마을

버스는 파나믹이라는 곳에서 아예 시동을 끄고 짐을 내렸습니다. 강변으로 형성된 오아시스 같은 마을에는 꽤 너른 풀밭과 보리밭 사이로 몇 채의 집들이 띄엄띄엄 박혀 있었습니다.
파나믹은 실크로드 캬라반들이 중앙아시아로부터 말을 몰고 지나다 머물던 마을이라고 합니다. 카라코람 산맥과 라다크 산맥을 넘기 전 말먹이와 식량을 조달 받던 곳으로 나라에서 운영하던 창고와 짐승에게 먹일 초지가 있습니다. 60여 년 전만 해도 일 년이면 만여 마리의 말이 지나다녔다는데, 이제는 사방을 둘러봐도 말 한 마리 보이지 않습니다. 파나믹은 여행자가 들어올 수 있는 마지막 국경 마을이기도 합니다.

"이곳에서 안 내립니까?"
나를 등받이 삼았던 사내가 나를 보며 고개를 갸웃거립니다. 나는 비로소 그 사내의 얼굴을 정면에서 볼 수 있었습니다. 사내는 대부분의 라다키들이 몽골로이드인데 비해 아리안계의 피가 섞인 혼혈이었습니다. 그래서인지 코가 유난히 커 보였습니다. 이곳 라다크는 동서양 상인들의 왕래가 잦았던 곳이라 혼혈들도 간혹 눈에 띱니다.
"스탁샤에 가려구요."
사내의 두 눈이 커졌습니다. 그는 눈을 동그랗게 뜨며 본인이 스탁샤 마을에 산다고 했습니다. 그 남자가 내 등을 의자 등받이로 사용했을 때 싫은 내색 안 하기를 참 잘했다는 생각이 들었습니다. 나는 배낭에서 사진 한 장을 꺼내 이 여자를 아느냐고 물었습니다.
"오! 스칼장 아몽."
버스에 남아 있던 승객들의 시선이 일제히 내게로 쏠렸습니다. 사내는 그녀의 이름까지 정확하게 알고 있었습니다. 사내는 그 마을에 사는 게 틀림없어 보입니다.
버스 안 승객들이 사진을 보려고 나를 에워쌌습니다. 사진 속 그녀는 우쭐해 합니다. 아낙들이 부러운 눈으로 사진과 나를 번갈아 보며 수군거립니다. 버스 운전사도 백미러로 나를 힐끔거렸습니다.

"스탁샤까지 이 버스로 갈 수 없나요?"
이곳부터 외국인은 들어갈 수 없는 국경 마을이라는 사실을 모른 척하며 그들을 쳐다보았습니다.
"버스기사만 괜찮다고 하면……."
사내는 버스기사를 턱으로 가리켰습니다. 운전사는 못 들은 척하며 차를 출발시켜버렸습니다. 나도 모르는 척, 의자 등받이 밑으로 몸을 숨겼습니다. 아무튼 이젠 8km를 걸어가지 않아도 되는 것입니다.

사랑과 평화를 노래하는 여인

얼굴도 모르는 한 소년의 주소를 달랑 들고 이곳에 온 적이 있습니다. 벌써 십년 전 일입니다. 대부분의 초보 여행자들처럼 지도에 그려져 있는 지명 모두를 두 발로, 두 눈으로 확인하고 싶어서 안달이었던 시간이었지요. 나는 뭐 새로운 볼거리라도 없나 궁금해 하며 레 거리를 어슬렁거렸습니다. 그때 숙소 옆방에 있던 아일랜드 남자가 까마득히 바라보이던 북쪽 산을 가리키며 자신은 그곳을 자전거로 넘었다며, 마치 비밀스런 장소라도 일러주는 것처럼 낮은 목소리로 내게 말했습니다. "그 골짜기에 가기 위해서는 허가를 받아야만 돼." 그 여행자의 최면에 걸려 나는 누부라 밸리로 향했지요. 레에서 알게 된 라다키 청년이 적어준 소년의 집 주소를 마치 부적처럼 고이 간직하고서…….

운전사는 파니믹부터 외국인은 더 이상 들어갈 수 없다며 날더러 내리라고 했었지요. 나는 버스 안 사람들에게 일일이 소년의 주소를 보여주며 통사정해보았지만 허사였습니다. 내가 찾아가려는 그 소년의 집은 이곳에서 8km 더 들어가야 한다고 했습니다. 내게 소년의 주소를 알려준 라다키 청년도 이곳까지는 와보지 못했던 모양이었습니다. 나는 길가에 망연히 앉아 있었습니다. 마치 절해고도에 혼자 떨어진 느낌이었습니다. 그 높은 고갯길을 넘어오면서 그 주소가 얼마나 든든했었는데…….

마을에서 한 사내가 쥐틀을 들고 지나가다 나를 발견하고 아는 체를 했습니다. 쥐틀 속에는 쥐 한 마리가 갇혀 있었습니다. 그는 창고에 들어온 쥐를 산에다 풀어주기 위해 나선 길이라며, 괜찮다면 자기 집에서 묵어가라고 했습니다. 그 사내를 따라갔습니다. 쥐를 잡아도 다시 풀어주는 이런 사내의 집에서라면 이 방인도 마음 놓고 지낼 수 있을 것 같았습니다.

낯선 방에 짐을 풀고 지친 몸을 누이자 내가 왜 혼자서 이곳까지 왔을까, 떠돌이 생활에 회의가 일었습니다.

죽음 같은 잠에서 막 깨어났을 때, 누군가 내 방문을 두드렸습니다. 문 밖에는 한 소년이 서 있었습니다. 어제 버스에서 날 찾지 않았느냐며…….

나는 한동안 멍하니 서 있었습니다. 고산증으로 인해 헛것을 본 것이 아닐까? 소년은 내가 버스에서 자기를 찾는다는 소식을 듣고 누구인지도 모르면서 이렇게 아침부터 달려온 것입니다. 온 마을을 다 뒤져서 나를 찾느라 양 볼이 상기되어 있었습니다.

소년은 자기 집으로 함께 가자고 했습니다. 외국인은 갈 수 없는 지역이라 내가 망설였더니 자기와 함께 걸어가면 괜찮다며 나를 데리고 집으로 향했습니다.

"이곳까지 저를 찾아온 당신은 이제 제 친척입니다."

소년의 등장으로 이곳이 갑자기 고향땅처럼 푸근해졌습니다.

소년을 따라갔을 때, 한 여인이 긴 원통형의 나무통에서 버터 차를 젓고 있었습니다. 소년의 어머니, 그녀가 바로 스칼장 아몽이었습니다. 양 갈래 머리를 땋아 묶은 모습이 흡사 소녀 같았습니다.

소년은 집을 구경시켜주었습니다. 3층으로 된 벽돌집은 지은 지 200년이 지났다는 오래된 집이었습니다. 집은 하나인데 대문은 세 군데나 있었습니다. 이곳에서 여러 친척들이 모여 산다고 했습니다. 창문은 티베트 전통 문양으로 아름답게 장식되어 있었고, 창틀에는 노란 금잔화 화분이 놓여 있었습니다.

이곳 주방이 손님을 맞는 곳인가 봅니다. 주방 한가운데에는 용 무늬가 상감된 난로가 있었고, 난로 곁에는 불을 지필 때 쓰는, 바람을 일으키는 풍로가 있었습니다. 어릴 적 장터에서 뻥튀기 장사가 사용했던 것과 같은 손풍로였습니다.

스칼장 아몽은 찬장에서 제일 좋은 찻잔을 골라서 차를 내왔습니다. 찬장에는 조상 대대로 내려온 구리 찻주전자들이 위엄스레 진열되어 있었습니다. 집안의 어른인 할머니 방에서 여러 가족들이 모여 앉아 경전을 읽으며 기도를 하고 있었습니다. 여든이 넘은 할머니는 눈물을 글썽이며 손자를 찾아온 내 손을 잡았습니다. 정말 고향집에 온 것 같았습니다.

만약 전생이라는 게 존재한다면 필경 이들과 나는 가족으로 맺어졌던 시간이 있었을 것입니다.

스칼장 아몽은 나와 동갑이라고 했습니다. 그녀는 같은 또래인 나에 비해 너무나 많은 걸 가지고 있었습니다. 아홉 자녀를 두었고, 어머니가 태어난 집에서 어머니와 여러 가족들이 어울려 살고 있었습니다. 나는 무엇보다도 그 점이 참 부러웠습니다. 자유라는 이름으로 정처 없이 떠돌던 내 삶이 히말라야 오지에 붙박혀 살아온 한 여자의 삶 앞에서 갑자기 초라해졌습니다.

라다크 산맥과 카라코람 산맥 사이에 있는 이곳은 골이 깊어 하늘이 좁습니다. 어느새 해는 서쪽 산 너머로 숨어버리고 골짜기로 거뭇거뭇 어둠이 내려앉았습니다. 노을이 황금색에서 보라색으로 변하면서 온 골짜기가 자연의 신비로 가득했습니다.

나는 이층 창 너머로 그 장엄한 풍경을 바라보고 있었지요. 그 풍경을 배경으로 나지막이 여자의 노랫소리가 들려왔습니다. 스칼장 아몽, 그녀가 마당에서 야크의 젖을 짜면서 노래를 부르고 있었던 겁니다. 그녀의 노랫소리에 야크는 꼬리를 좌우로 흔들었습니다.

너의 우유는 관음보살의 생명수
너는 관음보살의 화신
야크야, 내게 젖을 주렴.
야크야, 내게 너의 긴 털을 주렴.

그건 사랑이었습니다.
그건 평화였습니다.

마음의 평화는 단순함으로부터 나오나 봅니다. 난 사진기를 들었다 다시 내렸습니다. 사진 한 장으로 담아내기에는 그 사랑이 너무 아름다웠습니다.
그녀는 방금 짠 우유를 따뜻하게 데워서 내게 주었습니다. 야크의 젖은 아주 진했습니다. 그녀의 사랑만큼이나…….

그녀는 야크의 젖으로 버터를 만들고 요구르트를 만들었습니다. 버터차를 끓이고 남은 버터를 손바닥에 비벼 얼굴과 손등에 발랐습니다. 그녀의 천연 화장품이었습니다. 나와 눈이 마주치자 남은 버터를 내 볼에 발라주었습니다.
그녀는 내게 오믈렛을 만들어주고 싶은데 계란이 없다며 안타까워했습니다. 이곳에서는 계란이 아주 귀하다는 걸 나중에 알았습니다.
스칼장 아몽의 집에 머물렀던 시간은 닷새 남짓이었습니다. 그동안 그녀가 만들어준 정성어린 음식들은 고산지대에서 지친 내 몸을 놀랍도록 빠르게 회복시켜주었습니다. 엄마가 돌아가신 뒤 이렇게 따뜻한 대접을 받아본 적이 없었습니다. 잃어버렸던 내 고향집이 히말라야 한 구석에 숨어 있었습니다.

스칼장 아몽의 집을 떠나야 할 시간이 되었습니다. 내가 이 가족에게 해줄 수 있는 일이 무엇일까 생각하다 가족사진을 찍어주기로 했습니다. 양귀비꽃이 지천으로 피어 있는 소년의 집 뜰에서 그들의 가족사진을 찍었습니다. 내 어릴 적, 엄마 치마폭에서 사진기를 바라보던 그 시간들이 가족사진을 찍는 풍경 속으로 녹아들었습니다.

스칼장 아몽 가족의 배웅을 받으며 떠나던 날, 소년은 데스킷 마을까지 나를 바래다주겠다며 따라 나섰습니다. 나는 그곳에서 계란 두 판을 사 소년에게 들려 보냈습니다. 소년은 두 팔로 계란을 싸안고 버스에 올랐습니다. 먼지 속으로 사라지는 버스 뒤꽁무니로 스칼장 아몽의 얼굴이 아른거렸습니다. 이제 스칼장 아몽은 손님이 찾아오면 신이 나서 오믈렛을 만들 수 있을 것입니다.

십년 만의 재회

버스를 함께 타고 온 사내는 스탁샤 마을에서 작은 목공소를 하고 있었습니다. 이름이 소남이라고 합니다. 라다크에는 행복이라는 뜻의 소남이라는 이름이 흔합니다. 이 사람도 소남, 저 사람도 소남. 이 소남이라는 행복바이러스는 떠돌이 여행자에게도 전염되어 소남이라는 이름만 들어도 행복해지는 것 같습니다. 이 척박한 땅에서는 이름만이라도 행복으로 지어두지 않으면 그만 불행이라는 녀석에게 덥석 붙잡힐지도 모릅니다. 코 큰 소남은 내 배낭을 들어주며 스칼장 아뭉의 집까지 데려다주겠다고 했습니다. 하지만 나 혼자 찾아가고 싶어 그의 호의를 사양했습니다. 스칼장 아뭉과의 만남을 함께하려 했던 코 큰 소남의 얼굴에 서운한 빛이 역력했지만, 그는 따라오겠다고 고집을 부리지는 않았습니다.

그녀의 집은 내 기억으로는 마을에서도 가장 안쪽에 있었습니다. 가시나무 울타리와 키 큰 포플러나무, 낮은 돌담장까지, 골목길은 예전 그대로였습니다. 히말라야 골짜기, 이곳에서는 시간이 천천히, 아니 정지돼 있었습니다.

나는 문을 열 생각도 잊은 채 담장 너머로 안을 살폈습니다. 집은 새로 회칠을 했는지, 시간이 멈춘 것처럼 예전 그대로입니다. 창틀에는 예전처럼 금잔화 화분이 놓여 있었고, 정원 살구나무에는 살구가 그때처럼 익어가고 있었습니다. 마치 오랜만에 찾은 고향집이라도 된 것 마냥 코끝이 찡해져왔습니다.

얼마 전 내 어릴 적 살던 집을 찾은 적이 있습니다. 집은 남의 손에 넘어간 지 이미 오래였고 폐가가 되어 있었습니다. 그날, 양치류가 무성히 자라 있는 우물 안만 우두커니 들여다보다 돌아왔습니다. 부모님과 고향집을 한꺼번에 잃어버린 나는, 그때부터 이곳을 고향집이라 우기고 싶었는지도 모릅니다.

나무로 만든 대문에는 소남이라고 적혀 있었습니다. 또 소남이군. 맞아, 그녀의 큰 아들 이름이 소남이었지……. 나는 안으로 들어갈 생각도 잊은 채 한동안 그렇게 서 있었습니다.

아이를 업은 여자가 찻주전자를 들고 집 안에서 나왔습니다. 손에 들고 있던 사진을 그녀와 비교해보며 살펴보았습니다. 그녀는 예전 그대로였습니다. 마치 잠깐 외출했다 집으로 돌아온 것 같은 친숙함이 느껴졌습니다.

나는 대문 손잡이를 밀고 안으로 들어갔습니다. 등에 업힌 아이가 낯선 방문객을 보고 놀라 울음을 터뜨렸습니다. 아이를 돌려 안으며 그녀가 나를 살폈습니다.

"스칼장 아몽?"

그녀의 이름을 부르자 고개를 끄덕였습니다.

"저 군장돌마예요."

내 이름을 듣는 순간, 그녀는 한동안 멍한 상태로 서 있었습니다. 그녀의 기억 속에 나는 어떤 존재로 남아 있을까요? 우리는 마주보며 서로의 시간을 과거로 되돌리고 있었습니다. 마치 이산가족 찾기 프로그램에 나온 사람들처럼 우리는 서로의 손을 뜨겁게 맞잡았습니다. 그렇게 십년 만의 재회가 이루어졌습니다.

우리는 살구나무 아래로 자리를 옮겨 그간의 안부를 물었습니다. 그때 나를 데리러 왔던 소년 남걀은 델리로 일자리를 찾아 떠났고, 노모는 아직 살아 계신다고 했습니다. 그녀는 밭에서 일을 하는 남편에게 차를 내가려 했다며 잠깐만 집에 있으라고 했습니다.

살구나무숲 뒤뜰에서 그녀가 밭에서 돌아오기를 기다렸습니다. 바람이 불자 잘 익은 살구들이 우두둑 머리 위로 떨어졌습니다. 내가 사는 곳 가까이에 이런 고향집 하나 있으면 좋겠다는 생각이 또 들었습니다. 나무 사이로 한 노인의 모습이 시야에 들어왔습니다. 노인은 뒤뜰로 향한 테라스에 조용히 앉아 있었습니다. 스칼장 아몽의 노모였습니다. 나는 그를 찾아가 인사를 드렸습니다. 노인은 나를 아는지 모르는지 그저 빙그레 웃기만 합니다.

스칼장 아몽의 노모는 올해 96세로 이 집에서 태어났다고 했습니다. 그녀는 테라스에 앉아 평생 바라보았을 풍경을 생의 마지막 순간까지 각인시키고 있습니다. 한 곳에서 100년 가까이 살다 생의 마지막을 기다리는 노인의 모습은 저녁노을처럼 조용했습니다. 지금은 비록 분쟁지역이지만 한 번도 전란의 피해가 없었던 이 산골 마을의 노인은 그렇게 조용히 생의 마지막을 기다리고 있습니다.

스칼장 아몽은 손님이 찾아왔다고 식구들을 한데 모아 티베트 만두인 모모를 빚었습니다. 이 집에 식구가 세 명이나 늘었습니다. 그녀의 아들 소남이 결혼을 해 두 딸이 생겼습니다. 스칼장 아몽은 며느리와 무슨 이야기가 그리도 많은지……. 그들의 모습을 보는 것만으로도 마음이 푸근해져왔습니다.

만두 파티가 열리고 준비해간 선물 보따리를 풀었습니다. 어릴 적 아버지는 일본에서 생활하다 일 년에 한 번쯤 집으로 돌아오곤 했지요. 일본에서 사온 허리 잘록한 크림병, 보드라운 우단 옷감들, 처음 보는 신기한 물품들이 어린 섬 소녀에게 얼마나 경이로웠던지, 섬 소녀는 꿈을 꾸었습니다. 나도 어른이 되면 이런 선물들을 가족에게 나눠줘야지……. 그러나 나를 기다려줄 줄 알았던 가족들은 무심한 시간 속으로 흘러가버렸습니다. 어쩌면 나는 그 꿈을 실현해보고 싶어 이곳 히말라야 골짜기까지 스칼장 아몽을 찾아왔는지도 모릅니다.

스칼장 아몽의 며느리는 구슬 달린 핸드백에서 눈을 떼지 못하고, 스칼장 아몽은 크림 뚜껑을 열어 냄새를 맡아봅니다. 그녀가 내게 야크 버터를 발라주던 것처럼 나는 영양크림을 그녀의 얼굴에 발라주었습니다. 야크 버터 대신 스칼장 아몽은 당분간 이 크림을 얼굴에 바르게 될 것이고, 태어나 한 번도 라다크 고개를 넘어보지 못했다는 그녀는 언젠가 이 구슬 핸드백을 들고 라다크 주도인 레로 나들이를 가게 될지도 모릅니다.

손녀딸이 눈을 반짝이며 구슬 핸드백을 빼앗아 저만큼 달아났습니다. 저 아이에게 이 낯선 이방인은 어떤 추억으로 새겨질까요?

마지막으로 꺼낸 선물은 사진들이었습니다. 나를 이곳까지 오게 만들었던 이유 중 하나입니다.

십년 전 이곳에 왔을 때 그녀가 나를 가장 부러워했던 것은 내가 가지고 있던 카메라도, 내가 입고 있던 옷도 아니었습니다. 힌두교도들과 티베트 사람들이 죽기 전에 꼭 한 번 가보기를 소망하는 카일라스 성산, 그곳에 내가 다녀왔다는 사실이었습니다. 그녀는 내게 부탁을 했지요. 혹시 다음에 이곳에 오게 되면 그 사진을 꼭 가져다달라고……

카일라스(6714m)는 우주의 중심이며 지구상에서 가장 신비한 곳입니다. 이 산은 불교에서는 상상 속의 산 수미산이며, 힌두교에서는 시바신이 상주하는 전설 속의 산 메루입니다. 이 성스러운 산은 티베트 서북쪽 황량한 고원에 우뚝 솟아있습니다. 티베트 사람들은 카일라스를 캉 티세, 혹은 캉 림보체라 부릅니다. '눈의 보석'이라는 뜻입니다.

카일라스를 한 바퀴 도는 순례의 길을 코라라고 합니다. 코라를 한 번 돌면 이번 생에 지은 죄가 소멸되고, 108번 돌면 해탈의 경지에 이른다고 합니다. 카일라스를 한 바퀴 도는 거리는 52km입니다. 5600m의 높은 고갯길을 넘어가야 하는 고행길입니다. 그런데도 수많은 순례자들이 저마다의 신을 찾아 코라를 돕니다.

중국 황하 발원지를 찾아 티베트 고원을 여행하다 찾아간, 사람이 살 수 없을 것 같은 고원 마을에서의 일입니다. 옥수수를 삶아 파는 할머니에게 함께 간 지인이 폴라로이드로 인물사진을 찍어드렸습니다. 생의 마지막일지도 모를 사진 한 장을 받아 든 노인은 옥수수를 건네주며 눈물을 글썽거렸습니다. 우리에게는 흔하디흔한 사진 한 장이 누군가에게는 깊은 감동을 주기도 합니다.

카일라스 성산 사진 앞에 온 식구들이 머리를 조아렸습니다. 내가 가지고 온 선물 중 이 사진이 이들에게 최고의 선물이었습니다. 가족사진은 액자에 넣어 거실에 걸고, 카일라스 사진은 불단에 모셨습니다. 스칼장 아몽 집안 가족사진에 작은 흔적을 남겼다는 사실에 선물을 받은 이들보다 내가 더 행복해졌습니다.

다시 안녕, 스칼장 아몽

다시 이곳을 떠나야 할 시간이 됐습니다. 언제 또 이곳에 다시 올 수 있을까, 하는 생각에 이별은 더 아쉽습니다. 그녀는 손수 구운 빵과 살구를 따서 가방에 넣어주었습니다. 따라 나오지 말라고 했지만 기어이 버스 타는 곳까지 따라 나섰습니다.
스칼장 아몽은 이곳이 외국인 출입금지구역이라 문제가 생길 수도 있다며 자신의 스카프를 머리에 둘둘 말아주고, 목에는 염주를 둘러 나를 변장시켰습니다. 이제 마음은 물론이고 외모까지도 이곳 사람이 되었습니다.

버스는 움직였고,
그녀는 서서 손을 흔들었습니다.

태어나 레조차 한 번도 못 가본 스칼장 아몽.
그녀와의 인연을 좇아 이 골짜기까지 찾아온 나.
그녀는 움직이지 않는 산과, 들, 대지이고,
나는 떠돌이 바람입니다.
차창 너머로 멀어져가는 저 모습이
이번 생에서 내가 간직할
그녀의 마지막 모습일지도 모릅니다.

안녕,
스칼장 아몽.

인연, 언젠가 만날

- 풍경과의 인연
- 코리아 시스터
- 춤추던 라마승 아짐바 소남
- 만다라 꽃잎은 허공에 흩날리고
- 내 이름은 굴장돌마
- 노승 룹상 눕보
- 텐진초파란 이름의 소년
- 인연, 강물처럼 흘러간
- 자전거를 타고 온 소년

자전거를 타고 온 소년

해는 지고, 차는 인적 없는 산길을 끝없이 올라갑니다. 승객들 대부분은 최면에 걸린 듯 가수면 상태에 들었습니다. 어디로 가는지, 왜 가는지, 아무도 모르는 것 같습니다. 어떤 거역할 수 없는 힘에 이끌려 어디론가 실려 가고 있을지도 모른다는 생각이 비몽사몽 혼미한 뇌리 사이로 끼어듭니다. 옆 좌석의 어린 라마승은 머리를 가랑이 사이에 처박은 채 꼼짝도 하지 않은 지 이미 오래입니다.

눈을 떠보니 차가 한 마을 앞에 섰습니다. 왕방울만한 별들이 설산의 스카이라인을 밝히고 있어, 이곳이 히말라야 깊은 골짜기라는 사실만 느껴질 뿐입니다. 시간은 이미 밤 12시가 넘었습니다. 버스 운전사는 스무 시간을 꼬박 차를 몰고 히말라야 산길을 달려온 것입니다. 어디냐고 물으니 랑둠이라고 했습니다.

승객 대부분은 그대로 버스 안에서 밤을 지새웠습니다. 해발 4000m가 넘는 고산지대의 밤은 한여름인데도 겨울밤처럼 춥습니다. 옆 좌석 사람이 서로에게 이불이 되어 추운 밤을 지새웠습니다.

새벽이 되자 만년설 봉우리에 붉은 여명이 비쳤습니다. 사람들은 하나 둘 깨어나 차 한 잔으로 나무토막처럼 딱딱하게 굳은 몸을 녹입니다.

버스는 다시 출발합니다. 운전사는 오늘도 어김없이 경전을 틀어줍니다. 승객들이 경전을 따라 낭송합니다. 자동차 백미러를 통해 비치는 운전사의 입모양도 금붕어마냥 껌벅거리는 걸로 보아 경전을 따라 읊고 있는 것 같습니다.

이런 험한 길을 가면서 할 수 있는 것은 오직 기도뿐이라는 생각이 듭니다. 히말라야 설산들이 만다라가 되어주고, 버스 안은 성소가 되었습니다.

저 멀리 산꼭대기에 곰파_티베트 불교 사원_가 보입니다. 곰파는 하천이 둘러싸고 있어서인지 마치 등대 같습니다. 어쩌면 이곳 사람들에게 곰파는 삶의 등대인지 모릅니다.

겨울밤처럼 추운 밤을 지새우고
새벽을 맞습니다.
버스 안의 승객들은
서로가 서로에게 이불이 되어
그 밤을 견뎠습니다.

순간을 참고,
하루를 참고,
그렇게 한 생을 인내하며 견딥니다.
저들로부터 인내하는 법을 배웁니다.

삶의 고통은 극복하는 게 아니라
견디는 것인지도 모릅니다.

하천 위로 난 가느다란 길을 버스는 달려가고 있습니다. 저 길을 따라 한 소년이 자전거를 타고 달려왔었지요. 나는 그 소년과 어떤 약속을 하고 말았습니다. 그리고 십년이라는 시간은 강물처럼 흘러가버렸습니다. 흔들리는 버스 차창 너머로 침잠되어 있던 시간들이 출렁거립니다.

곰파와 마을로 이어진 실낱같은 길 위로 발그스레한 물체가 움직이기 시작했습니다. 망원경으로 바라보니 어린 라마승이었습니다. 소년은 히말라야 봉우리를 닮은 뾰죽한 라다크 모자를 쓰고 곰파에서 키우는 개 한 마리와 함께 자전거를 타고 이곳으로 달려왔습니다. 이곳으로 들어오는 길목인 가르킬에서 벌어진 인도와 파키스탄의 전쟁으로 인해 근 한 달 만에 들어온 버스였습니다.

소년은 사람에 대한 그리움으로
열심히 페달을 밟았습니다.
히말라야의 바람은
소년의 자전거에 붙은 바람개비를 돌렸고,
만년설에 반사된 햇살은
소년의 자전거 바퀴살에서 부서졌습니다.

나는 소년이 달려오는 길을 따라 달려갔습니다. 내가 기억할 수 없는 오래전, 나와 저 소년은 무슨 인연으로 만났던 적이 있는 것만 같았습니다. 나는 그 소년을 꼭 안아보고 싶었지만 차마 그러지는 못하고 애꿎은 카메라 셔터만 눌러대고 있었지요. 소년은 눈을 부라리며 버스 주변을 맴돌았습니다. 부처의 천 마디 법문보다 이 소년에게는 바깥세상이 더 궁금했던 모양이었습니다.

어릴 적 바닷가 섬 소녀도 늘 수평선 너머의 세상이 궁금했지요. 원양어선을 타고 먼 이국 바다를 누비고 돌아온 선원들의 무용담을 듣기 위해 동네 사랑방 언저리를 기웃거리다 엄마에게 꾸중을 듣곤 했지요. 어쩌면 저 소년도 곰파에 돌아가면 어릴 적 나처럼 라마승에게 꾸중을 들을지도 모릅니다.

소년은 내 목에 걸린 붉은색 볼펜에서 눈을 떼지 못했습니다. 볼펜을 소년의 목에 걸어주자 이번에는 사진을 찍어달라고 부탁했습니다. 사진기 앞에 선 소년은 어느 린포체_고승의 환생자_보다도 더 당당하고 위엄이 있었습니다.

버스는 이곳에서 점심을 먹고 느지막하니 출발한다고 했습니다. 소년은 야크를 보러가자며 내 손을 끌었습니다. 소년은 내가 야크를 좋아할 거라는 걸 직감으로 알아챈 것 같았습니다.

티베트의 성산 카일라스 코라를 돌 때였지요. 해발 5000m가 넘는 고갯길에서 고산병으로 쓰러져 있을 때 어디선가 야크 몰이꾼이 나타나 나를 야크에 태웠습니다. 덕분에 나는 무사히 고개를 넘어 코라를 마칠 수 있었습니다. 그 후로 나에게 야크는 한 마리 동물이 아닌 티베트 순례길의 수호신이 되었습니다.

소년을 따라간 그곳에는 수십 마리의 야크들이 한가로이 풀을 뜯고 있었습니다. 소년은 야크몰이 목동에게 나를 야크에 태워줄 것을 부탁했습니다. 아마도 내가 준 볼펜 선물에 대한 보답을 하고 싶었나 봅니다. 하지만 나는 소년의 친절을 거절했습니다.

"나 대신 네가 야크를 타줄래?"

내 부탁에 소년은 야크 등에 올라탔습니다. 소년을 태운 야크는 초지가 있는 강변 삼각주 늪지를 향해 들어갔습니다. 소년은 야크 등에서 내게 손을 흔들었습니다. 만년설을 배경으로 한 폭의 심우도_본성을 찾아 수행하는 것을 동자승이나 스님이 소를 찾는 것에 비유해 그린 불화_ 풍경이 펼쳐졌습니다. 시원을 알 수 없는 풍경 한 자락에 취해 나는 오랫동안 서 있었습니다.

얼마나 오래된 풍경인가.
얼마나 오래된 인연인가.

마을 입구에 정차해 있던 버스에서 긴 경적이 울렸습니다. 나는 야크에 타고 있던 소년에게 제대로 된 작별인사도 못한 채 버스에 타고 말았습니다. 버스가 출발하자 소년의 자전거는 버스가 내뿜는 흙먼지를 따라 달려왔습니다. 소년은 내게 작별인사를 하고 싶었던 것입니다. 점점 멀어져가는 소년에게 차창을 열고 큰 소리로 외쳤습니다.

널 다시 만나러 오겠노라고.
오늘 찍은 사진을 보여주겠노라고.

인연, 강물처럼 흘러간

랑둠곰파가 가까워오자 한 사내가 모자를 벗어 돈을 걷기 시작합니다. 버스 앞쪽 좌석부터 걷힌 돈은 대부분 10루피짜리 소액권이었지만 모자에 제법 수북했습니다.

예전 그때도 지금처럼 한 사내가 일어나 돈을 걷었지요. 십년이라는 시간이 지났지만 상황은 똑같이 진행되었습니다. 어쩌면 그 소년도 자라지 않고 그대로일지도 모른다는 생각이 들었습니다.

모자를 든 사내는 내 앞에 와서 잠깐 머뭇거렸습니다. 이 이방인에게 모자를 들이밀어야 할지 망설이는 눈치였습니다. 그는 버스 맨 뒷좌석에 앉아 플라스틱 병에 넣어 온 술을 홀짝거리며 마시던 사내입니다. 그는 차마 나에게 모자를 디밀지 못하고 돌아섰습니다.
"줄레."
그를 불러세웠습니다.
버스 안 사람들의 시선이 일제히 내게로 쏠렸습니다. 내가 10루피 한 장을 모자에 넣어주자 사내는 오른손을 머리에 대면서 '줄레 줄레'를 외칩니다.
버스가 오는 걸 보고 곰파에서 라마승들이 바쁜 걸음으로 내려옵니다. 돈을 걷은 사내가 시주를 하자 버스 안 사람들이 일제히 라마승을 향해 '줄레'를 외칩니다. 일 년에 눈이 녹는 여름 한 철, 그것도 가끔씩 들어오는 버스, 이곳 사람들은 그 버스를 기다리며 그렇게 살아가고 있습니다.
10루피로 행복을 사는 사람들, 나도 덩달아 행복해졌습니다.

공덕은 사람의 마음에 새겨진
긍정의 흔적입니다.

나는 혹시 사진 속 소년을 닮은 청년 라마승이 내려오지 않을까 연신 곰파 쪽을 올려다보았습니다. 그러나 곰파에서는 더 이상 아무도 내려오지 않았습니다. 노승에게 소년 라마승의 사진을 보여주면서 아느냐고 물었습니다. 사진 속 소년은 내가 준 목걸이 볼펜을 자랑스레 목에 걸고 나를 바라보고 있습니다.
노승은 사진을 이리저리 보기만 할 뿐 고개를 가로저었습니다. 십년 전의 사진 한 장으로 소년을, 아니 이제 청년이 되었을 그를 찾는 게 아무래도 무리인 것 같습니다. 어쩌면 시력이 좋지 않아 사진 속 인물을 잘 알아보지 못하는지도 모릅니다. 고산지대인 이곳 사람들은 강한 자외선으로 인해 눈병을 많이 앓고 있습니다. 이럴 줄 알았더라면 소년의 이름 정도는 알았어야 했는데…….
사진은 곁에 서 있던 젊은 라마승에게로 옮겨졌습니다. 사진을 한참 들여다보던 청년이 난감한 표정으로 노승에게 뭐라고 귓속말을 합니다. 청년의 얘기를 듣던 노승은 사진을 다시 가져가 눈을 찡그리며 찬찬히 들여다봤습니다.
"그는 지금 이곳에 없습니다."
"그럼 혹시 다른 곰파로……."
젊은 라마승은 고개를 가로저었습니다.
"몇 년 전 카슈미르에서 온 괴한에게 랑둠곰파 라마승 세 명이 살해되는 끔찍한 사건이 있었지요. 그때 이 라마승도 변을 당했답니다."
버스 안 승객들이 너도나도 사진을 보겠다며 몰려들었습니다.
아무래도 내가 너무 늦었나 봅니다. 조금씩 어긋나는 인연은 안타깝고 서럽습니다. 내가 잊지 않고 약속을 지켰다는 걸 말해주고 싶은데, 그는 어디로 간 걸까요.

나는 강변에 주저앉아 곰파를 돌아 흐르는
강물만 무심히 바라봤습니다.
소년과의 인연도 저 강물처럼 시간 저편으로
흘러가버리고 말았습니다.

소년을 찾아 이곳까지 온 내가 안쓰러웠는지 노승은 나를 데리고 곰파를 향해 올랐습니다. 랑둠곰파는 너른 하천 삼각주 바위산 위에 성채처럼 세워져 있었습니다. 온 사방이 하천이고 물입니다. 말라버린 하천 사이사이로 여러 갈래의 강물들이 흘러갑니다. 물은 하나가 아니라 여럿이고, 여럿이 아닌 하나입니다.

텐진초파란 이름의 소년

딸랑딸랑, 방울 소리에 잠이 깼습니다. 당나귀 두 마리가 물통을 지고 강변으로 달려갔습니다. 온 사방이 하천이지만 바위산에 세워진 곰파에는 물 한 방울 나지 않습니다. 물을 져 올린 당나귀에게는 보릿가루와 채소가 기다리고 있습니다. 당나귀들은 그걸 먹기 위해 꼬리와 방울을 흔들며 열심히 물을 져 올렸습니다.

높은 산에는 눈이 내리고, 곰파에는 비가 내립니다. 곰파 부엌에서 피어오르는 연기들이 아련한 그리움을 자아내게 합니다. 금방이라도 소년이 다가와 야크를 보러 가지 않겠느냐고 손을 잡아 끌 것만 같습니다.

노승은 비를 맞으며 곰파 마당을 쓸고 있습니다. 비에 젖지 않은 마당의 속살이 뽀얀 흙먼지를 일으킵니다. 흙 마당은 빗자루 자국만 내어도 깨끗해 보였습니다. 뒤숭숭한 내 마음에도 비질이 필요할 것 같습니다.

청소를 끝낸 노승은 창가에 앉아 구름에 가려진 먼 산을 응시했습니다. 비질한 마당처럼 정갈한 풍경입니다.

인근 마을 사내들이 당나귀에 버터와 치즈를 싣고 곰파를 찾았습니다. 라마승과 청년들은 버터 하나를 저울에 다는데도 뭐가 그렇게 즐거운지 연신 깔깔거립니다. 이곳의 식사는 대부분 보릿가루만 먹는 다른 곰파에 비해 훌륭합니다. 요구르트와 치즈, 그리고 질 좋은 버터차가 나왔습니다. 이 모든 게 강이 만들어낸 너른 초지가 수많은 야크와 소를 살찌운 덕입니다. 그래서인지 이곳 라마승들은 다른 곰파의 라마승들에 비해 체격이 좋고 건강해 보입니다. 소년도 살아 있었더라면 저렇게 건강한 라마승으로 자랐을 텐데…….

한 라마승이 소년의 이름이 텐진초파라고 귀띔해주었습니다.

소년이 자전거를 타고 달려왔던 길을 따라 걸어봅니다. 곰파에서 마을까지는 빤히 바라보이는 거리인데도 한 시간 넘게 걸렸습니다. 검은 개 한 마리가 끝까지 따라왔습니다. 사진 속 자전거를 따라 달려오던 개도 저런 검둥이였는데……. 지나간 일들은 스쳐가기만 한 것이 아닙니다. 그것들은 심연 속에 웅크리고 있다 조금만 관심을 갖고 귀 기울이면 선명하게 떠오릅니다.

소년이 달려오던 길을 카메라에 담았습니다. 사진 속 풍경은 그대로인데 자전거를 탄 소년만이 빠져 있습니다. 어느 영화의 한 장면처럼 허공을 향해 소년을 불러봅니다. 짧은 인연을 위해 열심히 자전거 페달을 밟던 소년은 허공에서 환히 웃고 있습니다. 나는 사진을 소년에게 날려 보냈습니다. 검둥이 녀석이 사진을 쫓아 저만큼 달려갔습니다.

잘 있니! 텐진초파!

노승 롭상 눌보

스피툭곰파는 인더스 강변 단애 위에 있습니다. 한낮의 곰파는 고양이 하품소리가 들릴 만큼 적막합니다. 미로 같은 건물의 막다른 곳, 법당 앞에 붉은 구두 한 켤레가 가지런히 놓여 있습니다. 신발 사이즈로 봐서 어린 라마승의 신발인가 봅니다. 조심스레 오색 천으로 장식된 법당 손잡이를 당겼습니다. 안은 어두웠습니다. 나는 막 극장에 들어선 사람처럼 문 앞에 서서 어둠에 눈이 익숙해지기를 기다렸습니다. 남쪽으로 난 작은 창으로 마치 영사기에서 상이 나오듯 그렇게 빛이 들어왔습니다. 빛이 와 닿는 자리에 소년 라마승은 롱 테이크 기법으로 찍은 영화 속 풍경처럼 벽에 기대어 잠이 들었습니다. 소년의 낮잠을 방해하기 싫어 나는 법당 앞에 조용히 앉았습니다.

저 불상 앞 제단에 만다라가 있었지요. 그때도 지금처럼 저 창으로 빛이 들어오고 그곳에는 만다라꽃이 활짝 피어 있었지요. 완성된 돌가루 만다라를 처음 보았을 때 거대한 꽃 한 송이가 피어 있는 줄 알았습니다. 그때부터 나는 만다라를 꽃이라 불렀습니다. 극락세계에서나 핀다는 만다라화…….

내가 처음 이곳에 왔던 이유는 돌가루 만다라 만드는 법을 보기 위해서였습니다. 어느 영화에서 본 기억이 있는데, 돌가루로 만다라를 만들고 기도가 끝나면 부셔서 강물에 버리는 쓸쓸한 제의(祭義)였습니다.

이곳에서 다섯 명의 라마승들이 만다라를 만들고 있었지요. 나는 차마 그 제단까지 다가가지 못하고 서 있었습니다. 그런 나에게 한 노승이 이 빠진 찻잔에 버터차를 가득 따라주며 만다라를 만나게 된 당신은 행운이라며 환하게 웃었지요.

롭상 눌보.
그는 평생 만다라를 만들던 노승이었습니다.

잠든 소년은 깨어날 줄 모르고, 나도 소년 곁에 앉아 오수 속으로 빠져들었습니다. 해골로 만든 북을 든 라마승이 만다라 제단을 무너뜨렸습니다. 만다라 꽃잎들이 사방으로 흩어지고 꽃 속에 숨어 있던 가릉빈가가 음악소리를 내며 하늘로 날아올랐습니다. 히말라야 설산에서 노래한다는 극락조 가릉빈가. 문경 봉암사 지증대사 사리탑에서 보았던 가릉빈가. 분명 그 새였습니다. 아! 묘음조! 나는 그 새를 잡겠다며 허공을 향해 버둥거렸습니다. 어디선가 뚜우~ 하고 나팔 부는 소리가 들렸습니다.

"텐진! 텐진!"
문이 열리면서 젊은 라마승이 들어와 소년과 나의 오수를 깨웠습니다.
"롭상 눌보 라마를 찾아왔습니다."
나는 일어나 젊은 라마승에게 합장을 했습니다.
"어떤 롭상인지?"
그는 2002년 한국을 붉게 물들였던 붉은 악마 티셔츠를 입고 있었습니다.
"이곳에서 만다라를 만들던 노승이었는데……."
나는 말끝을 흐리며 그의 표정을 살폈습니다. 어쩌면 연세가 많으셔서 먼 길을 떠났을지도 모릅니다. 나는 들고 있던 스크랩북을 그에게 건네주었습니다. 그 속에는 만다라 제작 과정을 찍은 사진들이 들어 있습니다. 롭상 눌보는 만다라 작업과정을 사진으로 담아달라고 했습니다.
두 라마승은 나 같은 사람은 안중에도 없다는 듯 낄낄거리며 사진첩을 뒤적였습니다. 롭상은? 나는 사진 속 롭상 눌보를 손으로 가리키며 재차 물었습니다.
"아! 롭상 눌보 라마는 지금 이곳에 없습니다. 상카라곰파에 가서 물어보십시오."
라마승은 소년을 데리고 나가봐야 한다며 열쇠꾸러미를 흔들어 보였습니다. 다음주부터 이곳에서 만다라를 만든다며 사진을 찍고 싶으면 다시 오라는 말을 남기고, 방문을 잠갔습니다.

퇴락한 상카라곰파 외벽이 한낮의 강한 햇살을 반사시키고 있었습니다. 전생의 기억 같은 아련한 그리움이 몰려옵니다. 곰파의 법당문은 굳게 잠겨 있었고, 털이 긴 검은 개 한 마리가 라일락 나무 아래에서 죽은 듯이 자고 있을 뿐입니다. 나는 낮잠을 자는 개 옆자리에 앉아 무서우리만치 푸른 하늘을 올려다봅니다. 한낮의 적요는 시간의 경계마저 허물어버리나 봅니다. 어디선가 스탄진이 나타나 군장돌마, 하고 부를 것만 같습니다. 스탄진, 그는 만다라 만드는 걸 도와주던 소년 라마승이었습니다.

또르륵, 또르륵. 한 소녀가 전자 오락기를 두드리며 곰파 뒤쪽에서 걸어 나옵니다. 소녀는 그 장난감에 정신이 팔려 누군가 와 있다는 사실도 모릅니다. 소녀의 뒤를 이어 소년 라마승이 나옵습니다. 그들은 무대 위로 등장한 배우들입니다. 관객은 털이 긴 개 한 마리와 나뿐입니다. 소년은 소녀의 장난감을 뺏기 위해 달려 나왔습니다. 소년과 소녀의 숨바꼭질이 사원 마당, 아니 무대 위에서 그칠 줄 모릅니다. 소녀의 웃음소리가 곰파 벽에 반사된 햇빛을 따라 하늘로 올라갑니다. 소녀에게서 오락기를 빼앗은 소년이 소녀와 나란히 사원 돌계단에 앉아 오락을 즐깁니다. 또르륵, 또르륵. 가슴 아리도록 아름다운 풍경을 사진기에 담았습니다. 오락을 하던 소년이 내 존재를 알아챘습니다. 소년은 이곳 사원의 라마승 스탄진이고, 소녀는 심부름하는 체링입니다.

내 추억을 깨운 것은 어린 라마승이었습니다. 나는 순간 내 눈을 의심했습니다. 소년은 분명 스탄진입니다. 그럴 리가 없어. 나는 고개를 흔들었습니다. 스탄진은 이미 청년이 되어 있을 것입니다. 내 의식 밑바닥에 추억이라는 이름으로 내재되어 있던 풍경들이 이 소년 위로 겹쳐졌을 뿐입니다. 소년은 나를 물끄러미 쳐다봤습니다. 정신을 차리고 소년에게 물었습니다. 스탄진을 아느냐고? 소년은 고개를 갸웃했습니다. 나는 그제야 가지고 온 사진을 소년에게 보여주었습니다. 사진 속 어린 스탄진은 롭상 눌보 곁에서 환히 웃고 있습니다. 나는 스탄진을 손으로 가리켰지만 소년은 고개를 저을 뿐입니다. 그러나 대신 사진 속 롭상 눌보를 가리키며 자기를 따라오라고 했습니다. 휴, 하고 긴 한숨을 지었습니다. 당신과의 인연이 아직은 남아 있나 봅니다.

소년을 따라 곰파 이층으로 올라갔습니다. 오래된 회벽이 버터 기름과 손때로 인해 번들거렸습니다. 소년이 안을 향해 뭐라고 소리치는 동안 나는 티베트 전통 문양이 그려진 천 앞에서 심호흡을 했습니다. 추운 지방이라 문을 작게 만들어놓은 탓에 복도는 컴컴했습니다. 천이 올려지고, 롭상 눌보가 고개를 내밀었습니다. 시간 너머로 밀려나 있던 인연이 성큼 내게로 다가왔습니다.
"저를 기억하시겠습니까?"
나는 두 손을 모으며 그의 표정을 살폈습니다. 롭상 눌보는 내 손을 잡으며 희미한 기억 한 자락을 뽑아내려 양 미간을 좁혔습니다.
"그럼 기억하지, 기억하고 말고."
말은 그렇게 하지 않았지만, 나를 바라보는 두 눈이 그렇게 말했습니다.

"군장돌마."

롭상 눌보는 생각난 듯 내 이름을 불렀습니다. 그가 지어준 이름, 다른 사람이 불러줄 때보다 더 진한 울림으로 다가왔습니다. 방은 남쪽으로 난 창 때문에 밝았습니다. 검은 고양이 한 마리가 자리를 비켜주었습니다. 나는 준비해간 만다라 사진 스크랩북을 전해드렸습니다. 노승은 약해진 시력으로 만다라 사진을 보겠다며 양 미간을 좁혔습니다. 좀 더 일찍 이 사진들을 들고 찾아왔어야 했는데…….

롭상 눌보에게 스탄진의 안부를 물었더니 승복을 벗고 라다크를 떠났다고 했습니다. 차마 체링과 함께 떠났느냐고 물어보지는 못했습니다. 요즘도 만다라를 만드시냐는 물음에 고개를 흔들었습니다. 손으로 눈을 가리키는 걸로 보아 시력이 많이 좋지 않은 것 같았습니다.

찻잔이 비워지고 노승과의 대화는 어느새 단절되었습니다. 우리는 말없이 창밖 초르텐에서 나부끼는 기도깃발만 바라보았습니다. 흘러간 시간들을 불러 모아 추억을 완성하려 했던 나 자신이 갑자기 쓸쓸해졌습니다.

내 추억의 시원은 어디쯤일까요?
근원을 알 수 없는 그리움으로 방황하는 일은
이번 생에서 끝냈으면 싶습니다.

내 이름은 군장돌마

티베트 여자 이름에는 돌마라는 이름이 그 옛날 우리네 순자, 영자만큼이나 많습니다. 군장돌마, 영천돌마, 처링돌마……. 이곳 사람들은 상대방의 이름을 물어보는 걸 좋아합니다. 그러나 낯선 이방인 이름은 금방 잊어버리기 십상입니다. 다시 물어오는 일만 반복될 뿐입니다. 스피툭곰파에 있을 때 라마승 롭상 눌보가 내 이름 군장돌마를 지어주었습니다. 이름이 생기자 이곳 사람들은 나를 이국에서 온 여행자가 아닌 자기네 친척이라도 된 듯, 스스럼없이 대해줬습니다. 만다라 만드는 라마승들도 군장돌마, 저 물감 집어줘요. 군장, 찻주전자 이쪽으로 주세요. 군장, 차 마셔요…….

만다라 제작이 끝나고 롭상 눌보는 나에게 흰 기도 수건인 카타를 목에 걸어주며 축복을 내려주었습니다.
"군장돌마에게 행운이 있기를."
그 후 이름에 축복까지 받은 나는 먼저 그들의 이름을 물었습니다. 그리고 나를 소개했습니다.
숙소 주인 영솜은 늘 나에게 이렇게 말했습니다.
"군장돌마, 당신은 내 가족이나 마찬가지예요. 잠깐 묵어가는 투숙객과는 달라요."
자주 들르는 과일가게 주인은 내 이름을 부르며 살구 한 알이라도 더 덤으로 쥐어주곤 했습니다. 다 이름이 준 선물입니다.
스피툭곰파에는 어린 라마승들을 가르치는 학교가 있습니다. 우연히 그곳을 방문해 수업하는 것을 보았습니다. 학생을 가르치는 라마승이 이곳 인사말인 '줄레'를 한국말로 학생들에게 가르쳐달라고 했습니다. 그는 이곳 라마승들은 한국의 사찰에서 만다라 제작을 하기도 했다며, 이들에게 한국이라는 나라는 그리 낯설지 않다고 했습니다.
나는 '줄레'라고 써진 칠판에 '안녕하세요'라고 적었습니다.
어깨가 드러나는 붉은 옷을 입은 소년들은 연필심에 침을 발라가며 열심히 따라 그렸습니다.
"안녕하세요?"
소년들의 발음은 아주 정확했습니다. 라다크의 언어들 중 우리의 언어와 비슷한 게 더러 있습니다. 엄마, 아빠도 우리와 똑같습니다. 수업이 끝나고 호기심에 눈을 굴리던 어린 라마승들이 내 이름을 물어왔습니다.

"내 이름은 군장돌마입니다."

어린 라마승들이 와~ 하고 웃었습니다. 그들의 마음에서 경계심 하나를 지워버렸습니다.

며칠 후 나는 피양축제에 가는 버스를 타고 스피툭곰파 옆을 지나고 있었습니다. 정류장에 버스가 서고, 저만큼 곰파에서 소년 라마승들이 버스를 타기 위해 달려왔습니다. 나는 달려오는 그들을 바라보기만 해도 숨이 차올랐습니다. 이곳은 해발 3600m가 넘는 고지대라서 조금만 걸어도 숨이 확확 차 오르기 때문입니다.

메마른 자갈길 사이로 붉은 장삼을 나풀거리며 달려오는 소년들이 마치 나비 같아 보였습니다. 장난기가 발동한 운전사는 차를 조금씩 움직이기 시작했습니다. 내가 손으로 아이들을 가리키자 누런 이빨을 드러내며 웃기만 했습니다.

버스에 오른 소년들은 자그마치 열 명이나 되었습니다. 조용하던 버스 안은 어린 라마승들로 인해 왁자지껄해졌습니다.

"오! 군장돌마."

나를 알아본 많은 소년들이 한꺼번에 내 이름을 불렀습니다. 차 안에 있던 많은 사람들이 의아한 눈으로 나를 쳐다보았습니다. 나는 너무나 반가워 그들을 향해 '줄레'를 외쳤습니다. 버스 안 사람들도 함께 웃었습니다.

티베트 여자 이름에는 돌마라는 이름이 그 옛날 우리네 순자,
영자만큼이나 많습니다. 군장돌마, 영천돌마, 처링돌마……

심한 고산병으로 병원 신세를 진 적이 있습니다. 낯선 이국에서 병원에 혼자 누워 있는 일은 아무리 여행을 좋아한다 해도 참기 어려운 고통입니다. 담당 간호사가 내 병원 기록을 보며 내 한국 이름을 외우느라 애를 썼습니다. 그녀에게 그냥 군장돌마로 부르라고 했더니, 그녀는 병실이 떠나가도록 크게 웃었습니다. 그녀의 이름도 내 이름과 같은 군장돌마였던 것입니다. 그녀의 정성어린 보살핌으로 나는 금방 건강을 회복할 수 있었습니다. 이게 다 이름 때문이니, 나는 그 이름에 감사할 뿐입니다.

군장돌마,

난 이 이름을 좋아합니다.
어쩌면 그 이름을 지어준 사람을,
아니, 그 이름을 불러주던 사람들을
더 좋아하는지 모릅니다.
그 사람들을 생각하면
가슴 한 구석이 따뜻해져 옵니다.

만다라 꽃잎은 허공에 흩날리고

만다라를 만들기 위한 제단에는 정화한다는 뜻으로 알곡이 뿌려집니다. 그건 마치 꽃을 피우기 위해 씨를 뿌리는 것처럼 보입니다. 보릿가루와 버터로 빚은 토우 같은 형상들을 금강저_부처가 악마를 물리칠 때 쓰는 불교 의식 용구_와 함께 제단 주위로 장식을 합니다.

이른 아침부터 많은 순례자들이 이 의식에 참여하기 위해 상카라곰파를 찾았습니다. 여러 악령들을 제압하여 만다라가 제대로 자리할 수 있도록 라마승들의 경전 읽기가 시작됐습니다.

옴 마니 반메훔.

옴이라는 소리가 사원 내부에 공명을 일으키며 공간을 정화시킵니다. 그 파장이 순례자들에게 신성을 불어넣습니다. 옴이라는 만트라는 소리로 불려질 때 비로소 그 힘을 발휘하는 것 같습니다. 이제 만다라가 자리 잡을 수 있는 성소가 만들어졌습니다.

만다라의 밑그림 그리기가 시작됐습니다. 소년 라마승은 제 키만한 크기의 컴퍼스를 끙끙대며 옮겨오고, 다른 라마승들은 오색실을 꼬아서 제단 주위를 장식했습니다. 노승은 오래된 작업노트를 보며 문양을 꼼꼼하게 챙겼습니다.

곱게 빻은 돌가루에 물감을 들이고, 쇠로 만든 대롱에다 가루를 넣어 뿌리면서 문양을 만들어갔습니다. 꽃도 등장하고, 동물의 형상도 있습니다. 부처의 세계를 언어로 표현하기 어려워 만다라를 만든다고 합니다.

만다라에는 탄트라_힌두교나 불교의 수행법을 담은 경전_의 여러 신들이 등장합니다. 만다라는 밀교가 만들어낸 하나의 도상입니다. 깨달음의 영성체험을 상징적인 회화의 형식으로 표현하는 것입니다. 심리학자 융은 만다라를 마법의 원이라고 했습니다. 비단 천에다 수를 놓는 탕카, 사원 벽에다 그리는 벽화, 종이에 그리는 만다라, 돌가루로 그리는 돌가루 만다라. 만다라는 여러 형태가 있습니다.

만다라 꽃이 활짝 피자, 만다라 회향식이 성대하게 열렸습니다. 향불이 피워지고, 라마승들의 경전 읽기가 시작되었습니다. 라마승의 목소리가 만들어내는 묘한 떨림은 마법의 소리처럼 신비의 세계로 인도합니다. 어떤 이는 눈을 감고, 어떤 이는 경전을 넘기며 웅얼거립니다. 독경의 높낮이에 따라 라마승들의 몸이 좌우로 흔들립니다. 끊어질 듯, 다시 이어지는 경 읽기는 그칠 줄을 모릅니다.

"야만타카, 야만타카."

이번에 만들어진 만다라 이름이 야만타카입니다. 흔들면 따각따각 소리를 내는 작은북인 다마루와 금강저를 든 라마승이 제단 위로 등장했습니다. 주문을 외는 소리는 점점 높아지고, 순례자들은 일제히 숨죽이고 그 광경을 지켜봤습니다. 라마승의 오른손이 광풍이 되어 만다라 모래 제단을 허물었습니다. 만다라 꽃잎이 사방으로 흩날렸습니다. 꽃이 피면 지는 그 슬픈 연기법을 만다라는 그렇게 보여주었습니다. 장엄한 낙화에 가슴 한쪽이 쿵하고 무너져 내립니다.

꽃이 피면 지는 그 슬픈 연기법을
만다라는 그렇게 보여줍니다.

춤추던 라마승, 아짐바 소남

숙소 앞 거리가 파둠의 메인 도로입니다. 몇 채의 이층짜리 건물이 있고, 숙소와 가게가 다닥다닥 붙어 있습니다. 우리 시골의 면 소재지보다 훨씬 규모가 작은 거리입니다. 인근 마을에서 장을 보러 온 사람들과 라마승들이 모래바람 부는 거리를 배회했습니다. 어쩌면 내가 찾고 있는 그도 이 거리를 배회하고 있을지 모릅니다. 그는 강 건너 까마득히 바라보이는 갈샤곰파에 살고 있었습니다. 그는 라마승 아짐바 소남입니다. 그를 만나러 갈샤곰파 행 버스에 몸을 실었습니다. 갈샤곰파는 빤히 바라보이는 강 건너에 있는데도 40여 분을 달려서야 닿을 수 있었습니다. 예전에는 버스가 다니지 않아 걸어갔었는데, 지금은 하루 한 번, 미니버스가 다니고 있습니다.

사하촌(寺下村)에서 올려다본 곰파는 마치 하늘에 떠 있는 것 같습니다. 곰파에서는 연기들이 모락모락 피어오릅니다. 사원에서 라마승들이 물통을 들고 계곡으로 내려오고 있었습니다. 상류에서는 먹을 물을 뜨고, 강물이 밭으로 들어가는 쪽에서는 빨래를 하고 세수를 합니다. 양쪽 길섶으로 주황색 금잔화가 피어 있습니다. 곰파는 예전에 비해 깨끗하게 보수가 되어 있었고, 허물어져 가던 라마승의 숙소도 새집처럼 깔끔하게 단장되었습니다.

곰파로 오르는 가파른 계단에 앉아
지나간 시간을 추억합니다.

그해 여름, 갈샤곰파에서는 축제가 한창이었습니다. 인간들의 축제로 히말라야 골짜기의 여러 유정(有情), 무정(無情)들이 술렁였지요. 갈샤곰파는 백여 명의 승려가 살고 있는, 잔스카르 밸리에서 가장 큰 곰파입니다. 둥카르를 불며 축제는 시작되었지요. 흔들면 따각따각 소리를 내는 작은북을 치며 악단이 등장했습니다. 그 뒤를 이어 해골로 머리 장식을 한 라마승들이 들어왔습니다. 왼발 오른발, 서로 바꿔가며 마법의 원을 그렸습니다. 높아지는 북소리를 따라 원시의 시간 속으로 빨려 들어갔습니다. 갖가지 탈을 쓴 라마승들이 춤을 추었습니다. 그곳은 신들의 세상이 되었습니다. 악령을 물리치고 부처님 정토로 만드는 과정이라고 했습니다. 순례자들의 숫자는 점점 늘어가고 라마승들의 춤은 점점 격렬해졌습니다. 알 수 없는 힘에 의해 사람들의 마음이 너울거리기 시작했습니다. 이 신성한 공간에서 신화로만 남아 있던 원시성들이 고개를 들며 되살아 움직였습니다.

라마승들은 종합 예술가입니다.
무용을 하고,
연극을 하고,
악기를 다룹니다.
만다라를 제작하고 경전을 암송할 때는
성악가가 됩니다.

인간들의 축제로 히말라야 골짜기의
여러 유정(有情), 무정(無情)들이 술렁였습니다.

탈을 쓴 한 라마승이 내 카메라 앞에서 춤을 추었습니다. 그는 한 손으로 가면을 살며시 벗기고 나를 보면서 웃었습니다. 그 라마승은 아짐바 소남입니다. 아! 축제 때 춤추는 모습을 꼭 찍어달라던 그의 부탁을 나는 깜박 잊고 있었던 것입니다. 카메라 앞에서 예쁘게 춤추는 아짐바 소남, 어린애 같은 순수한 마음이 내게로 전이되었습니다. 나는 그 마음으로 카메라 셔터를 눌렀습니다. 행복한 마음으로 찍은 사진들은 그 사진을 보는 이들도 행복하게 합니다.

한 라마승이 법당에서 찻주전자를 들고 나왔습니다. 그에게 아짐바 소남의 안부를 물었습니다. 스무 살이 갓 넘어 보이는 앳된 라마승은 어느 소남인지? 하고 고개를 갸웃했습니다. 하긴, 이렇게 큰 사원에서는 그 흔한 이름인 소남이라는 라마승만도 꽤 있을 것입니다. 나는 그에게 아짐바 소남이 축제 때 춤추던 복장으로 찍은 사진을 보여주었습니다. 사진 속 아짐바 소남은 행복이라는 이름에 걸맞게 환히 웃고 있습니다. 진정한 웃음이란 얼굴만 웃는 게 아니고, 마음이 먼저 웃어야 진정한 웃음이라는 걸 보여주려는 듯이.

"오! 아짐바 소남."

사진을 본 라마승은 따라오라며 앞장서서 걸었습니다. 아짐바 소남은 아직 이곳에 살고 있나 봅니다. 예전에 온 적이 있었지만 미로 같은 승려들의 숙소는 어디가 어딘지 가물거리기만 합니다.

그는 낡은 플라스틱 의자가 놓여 있는 건물 앞에서 걸음을 멈췄습니다. 이 건물이었던가? 고산병으로 고생했던 기억들은 늘 낮잠 때 꾼 꿈처럼 흐릿하기만 합니다. 문에는 옛날 쌀뒤주에 채워졌던 자물쇠마냥 큰 자물쇠가 덜컹 채워져 있고, 야자유 깡통에 심어진 금잔화 화분들이 주인 대신 오종종하니 문 입구를 지키고 있습니다. 옆방에서 라마승이 창밖으로 고개를 내밀었습니다. 아짐바 소남은 인근 마을에 기도회가 있어 외출했다며 언제 돌아올지는 모른다고 했습니다.

나는 금잔화 화분 곁에 주저앉아 가쁜 숨을 몰아쉬었습니다. 고도가 높은 이곳은 조금만 움직여도 심장이 터질 것처럼 숨이 차옵니다.

아짐바 소남, 그는 내 생명의 은인입니다. 아짐바 소남은 곰파로 오르는 가파른 계단에서 고산병으로 쓰러져 있는 나를 발견하고, 이 방으로 데리고 왔었지요. 이제부터 당신은 내 누이라며 석유버너에 불을 피워 차를 끓이고, 자물쇠로 채워진 나무상자를 열고 아껴두었던 비스킷까지 꺼내주었지요. 아짐바 소남은 축제 때 가면춤을 춘다며, 예쁜 수가 놓인 구두를 신어보며 소년처럼 좋아했었지요. 그곳에 머무는 시간이 늘어나자 그는 아예 나를 친 누이처럼 대해주었답니다. 사람 좋은 그는 형제간이 열 명이나 되다보니 가족들 대소사에 참견을 하고, 거리에서 만나는 모든 사람들의 가정사에도 참견을 했습니다. 모두가 형이고 동생이었습니다. 그는 라마승이라기보다는 동네 구장쯤 되어 보였습니다.

코리아 시스터

갈샤곰파에서 돌아온 후 이틀 동안 일어나지 못했습니다. 숙소 창문 너머로 유칼립투스나무가 바람에 흔들리는 모습을 바라보며 멍한 상태로 누워 있었습니다. 아짐바 소남은 애초에 그곳에 살지 않았을지도 모른다는 생각이 들었습니다. 이대로 누워 있다간 영원히 못 일어나게 될지도 모른다는 불안감에 억지로 일어나 식당으로 나갔습니다.

식당에는 한 사내가 어린 여승을 데리고 티베트 만두인 모모를 먹고 있습니다. 얼굴 생김새로 보아 아마도 아버지가 곰파에 있는 어린 딸을 데리고 와 뭘 사 먹이는 것 같습니다. 삼천포 장날, 어린 내 손을 잡고 찐빵을 사주셨던 아버지의 모습이 사내의 얼굴 위로 중첩됩니다.

나는 음식을 시킬 생각도 잊은 채 창밖 풍경만 바라봤습니다. 거리에는 스무 살 안팎의 청년들이 선글라스로 멋을 내고 거리를 배회했습니다.

라다크 청년들은 고산지대의 강렬한 햇빛에 피부만 좀 더 그을렸을 뿐이지 한국 청년들과 복장은 비슷합니다. 강남역 부근을 배회하는 한국 청년들과 이곳 히말라야 골짜기 파둠을 배회하는 청년들과 별로 달라 보이지 않았습니다. Free Tibet 글씨가 새겨진 티셔츠를 입은 청년은 벌써 세 번째 거리를 왔다 갔다 하고 있습니다.

신비한 석상으로 잘 알려진 이스터섬에서 여름 한 철을 보낸 적이 있습니다. 절해고도인 작은 섬에서 라파누이 청년은 소음기가 제거된 오토바이를 타고 섬을 뱅글뱅글 돌았지요. 오토바이의 굉음마저 수평선이 삼켜버리자, 절망한 청년은 모아이 석상 앞에서 바다만 노려보았지요.

저 라다키 청년이 이곳을 벗어나기에는 히말라야 골짜기는 너무 높고 깊어 보입니다.

정류장에 다시 나가보았지만 버스는 제 시간에 오지 않았고, 버스를 기다리던 사람들은 상점을 기웃거렸습니다.

헌옷을 파는 노점상 아저씨 곁에 앉아 하릴없이 버스를 기다렸습니다. 파는 옷 대부분이 한국 제품들입니다. 이제 한국에서조차 보기 힘든 향토 예비군 군복 상의와 한진택배, 청원경찰, 모범택시 등의 제복이 새 주인을 기다리고 있었습니다. 그 옷을 걸쳤을 사람들의 고단한 삶이 옷자락에 덕지덕지 묻어났습니다. 주변 풍광만 아니라면 한국의 어느 면 소재지에 열리는 난전 같은 풍경입니다.

한 노인이 집어 든 붉은색 패딩코트에는 선명하게 불광유치원이라고 적혀 있습니다. 노인은 몇 번이나 옷을 들었다 놓았다 해보지만 꼬깃꼬깃 접어둔 5루피만으로는 부족한 모양입니다. 저만큼 걸어가던 노인이 다시 되돌아와 흥정을 합니다. 아마도 그 옷을 입을 손자가 자꾸 눈에 밟혔나 봅니다. 하지만 장사꾼 사내는 고개만 가로저을 뿐입니다. 옷 사기를 포기한 노인은 어깨를 늘어뜨리며 저만큼 걸어갔습니다.

노인이 사지 못한 패딩코트의 가격은 10루피였습니다. 우리 돈으로는 약 1300원 정도 되는 돈입니다. 나는 걸어가는 그 노인에게, 아니 그 노인의 손자에게 불광유치원 코트를 선물하고 싶었습니다.

나는 코트를 들고 달리기 시작했습니다. 얼굴도 모르는 소년의 환한 웃음을 떠올리면서……

누군가는 돈으로
행복을 살 수 없다고 합니다.
하지만 이곳에서는
적은 돈으로도 살 수 있는
행복이 널려 있습니다.

아짐바 소남이 곰파로 돌아왔을까? 나는 버스정류장에서 버스를 기다렸습니다. 갈샤곰파 행 버스가 고장이라며 사람들이 웅성거렸습니다. 나는 오늘 그곳까지 꼭 가야 할 이유를 찾지 못해 발길을 돌렸습니다. 강한 모래바람이 파둠 골짜기를 삼켜버렸습니다. 모래바람을 피하려 들른 잡화상에서 한 라마승과 눈이 마주쳤습니다. 낯이 익은 얼굴입니다. 내가 아는 라마승들의 얼굴을 떠올려보았지만 그들은 아니었습니다. 누구일까? 이곳 라다크 사람들 대부분은 우리와 같은 몽골로이드입니다.

고개를 돌리려는 순간 한 얼굴이 떠올랐습니다. 아짐바 소남, 분명 그였습니다. 십년이라는 시간이 흘렀지만 이곳 땅을 닮은 투박한 얼굴은 사진 속 그대로였습니다. 그도 나를 알아본 것일까요? 우리는 서로 탐색하듯 유심히 살피고 있었습니다.

"아짐바 소남?"

나는 머리에 둘렀던 스카프를 풀어 얼굴을 드러내며 그의 이름을 불렀습니다.
아짐바 소남의 기억 속 어디쯤에 내가 자리하고 있었던 모양입니다. 그의 작은 두 눈이 커졌습니다.
"오! 코리아 시스터."
아짐바 소남의 목소리가 하도 커서 가게 안 사람들이 모두 우리 두 사람을 쳐다보았습니다.
십년 만의 재회는 이렇게 뜻밖의 장소에서 이루어졌습니다.
우리는 숙소 식당으로 자리를 옮겨 버터차 한 잔을 앞에 두고 희미해진 인연의 조각들을 붙여나가기 시작했습니다.

풍경과의 인연

"레로 돌아가십니까?"
스피툭곰파 입구에 자동차가 섰습니다. 자동차를 모는 청년은 곰파 법당에서 만났던 청년입니다. 그는 레 어느 숙소에 머무느냐고 물었습니다. 올드 레에 있는 영솜하우스를 아느냐고 했더니 고개를 끄덕입니다. 영솜의 친정이 이곳 스피툭 마을이라며 그의 가족을 소상히 알고 있었습니다.
청년은 이곳에서 가까운 인더스 강변에 천 년이 넘은 오래된 동굴 사원이 있다며 가보지 않겠냐고 물었습니다. 그곳은 외부에 잘 알려지지 않아 현지인들만 가는 곰파라고 했습니다.

스피툭 마을을 지나고 인더스 강 다리를 건넜습니다.
곰파는 인더스 강변 단애 아래 자리하고 있었습니다. 아쉽게도 곰파 문은 잠겨 있었고, 라마승을 찾으러 갔던 청년은 돌아올 줄 몰랐습니다. 혼자 돌아가겠다는 쪽지 하나 붙여두고 강변을 걸었습니다.
포플러 숲길이 끝나는 지점에서 낯익은 풍경 하나가 눈에 들어왔습니다. 키 큰 포플러 나무 몇 그루가 서 있고, 강 건너 스피툭곰파가 바라보이는 곳입니다.
내 책상 위에는 이곳에서 찍은 풍경 사진이 한 동안 걸려 있었습니다. 나는 헤어졌던 친구를 만난 것처럼 반가웠습니다. 풍경과의 인연도 인연인 것입니다.
카메라를 꺼내 같은 구도로 앵글을 잡아보니 분명 그곳입니다. 추억 속 풍경 속에는 저 나무들이 아주 작았었는데, 추운 겨울에 얼어 죽지 말라고 나무 밑둥치를 빈 깡통으로 싸두었었는데…….

십년이라는 시간은 소년이었던 바르단을 청년으로 키웠고,
어린 나무를 거목으로 만들어놓았습니다.

푹탈곰파에서 보낸
여름 한철

- 조모곰파
- 쟝글라
- 통대곰파
- 길 위의 인생
- 마부 앙두
- 이별노래
- 기다림
- 카르마
- 외로움
- 꽃도 사람도 외로운
- 적요
- 공동체
- 도르제
- 어떤 기도
- 키소 야 알로
- 노승
- 관심
- 일상
- 동굴 사원
- 이차르 빌리지
- 전설의 사원을 찾아
- 오래된 미래

오래된 미래

라마승 아짐바 소남의 기도방식은 여러 곳을 여행하는 것이라고 했습니다. 화엄경 입법계품에 나오는 선재동자도 법을 구하기 위해 여러 곳을 떠돌았지요. 그는 잔스카르 지방의 전설과 민담, 고유의 풍습이 잊혀져가는 것을 안타까워했습니다. 지리적으로 고립되어 있는 잔스카르 사람들은 고유의 풍습과 전설을 많이 간직하고 있습니다. 그것들은 문자 없이 구전으로만 전해져왔습니다. 이제 잔스카르 젊은이들 대부분은 현대 문명을 좇아 객지로 떠나버렸고, 고유의 풍습과 전설을 알고 있는 노인들은 하나 둘 저세상으로 떠나고 있습니다. 옛것이 다 좋을 수는 없겠지만 과거는 미래의 어느 시점에서 서로 연결될 것이라는 인연법을 나는 믿고 싶습니다. 스웨덴 출신 인류학자 헬레나 노르베리 호지 여사는 라다크에 오랫동안 머물면서 《오래된 미래》라는 책을 남겼습니다. 특히 여사는 잔스카르 지방에 깊은 관심을 가졌습니다.

아짐바 소남은 겨울 잔스카르에 와보기를 권했습니다. 잔스카르에 겨울이 찾아오면 마을 사람들은 한 집에 모여 남자들은 경전을 읽고 여자들은 양털로 실을 잣고 뜨개질을 한다고 했습니다. 저녁이면 막걸리와 비슷한 술, 창을 마시며 노래를 하고, 전해오는 잔스카르의 풍습과 전설을 이야기한다고 했습니다. 길이 끊어지는 겨울이면 가끔씩 헬리콥터가 비상약품과 우편물 등을 내려주고 가고, 긴 겨울이 지루할 즈음이면 꽁꽁 언 잔스카르 강을 따라 걸어서 라다크의 주도인 레까지 나간다고 합니다. 땔감을 준비해 중간에 있는 동굴에서 밤을 보내면서……. 아짐바 소남의 이야기만으로도 잔스카르의 겨울 풍경이 눈에 선합니다.

아짐바 소남의 솔깃한 제안에도 겨울 잔스카르 여행은 내 체력으로는 요원할 것 같습니다. 대신 아짐바 소남의 기도방식처럼 히말라야 골짜기에 보석처럼 박혀 있는 곰파들을 둘러보는 것으로 만족해야 할 것 같습니다.

전설의 사원을 찾아

스피툭곰파에서 남걀이라는 이름의 라마승을 만났습니다. 놀랍게도 그는 푹탈곰파에서 왔다고 했습니다. 히말라야 깊은 골짜기 동굴 속에 있다는 전설 속의 사원, 머무르는 것만으로 마음의 상처가 치유된다는 그 사원을 떠올릴 때마다 티베트의 신화 속에 그려진 현자의 사원을 상상하곤 했습니다.
그러나 남걀은 보통 라다크 사원에서 볼 수 있는 평범한 노승이었습니다. 그는 일을 보고 며칠 후 그곳으로 돌아간다고 했습니다. 나는 그곳을 방문해도 되겠느냐고 조심스럽게 물었습니다. 그는 미소를 지으며 고개를 끄덕였습니다.

잔스카르로 떠나는 새벽 버스에 올랐습니다. 버스 안은 통로까지 짐이 가득 차 있어 좌석의 팔걸이를 밟고서야 맨 뒷좌석까지 갈 수 있었습니다. 일주일 만에 잔스카르 파둠으로 떠나는 버스입니다. 짐 속에 파묻히다시피 간신히 자리를 잡았습니다.
어둠에 눈이 익자 나는 버스 안 사람들을 살폈습니다. 붉은 모자를 쓴 대여섯 명의 라마승과 라다크 승객들, 외국인은 나 혼자였습니다. 내가 만났던 남걀 라마승은 운전사 옆 자리에 앉았습니다. 어디론가 떠난다는 사실만으로도 내 안의 또 다른 나는 설레고 있었습니다.
버스가 출발하자 차 안 스피커에서 경전이 흘러나왔습니다.

옴 마니 반메훔
옴 마니 반메훔

승객 대부분이 경전을 암송하며 새벽 기도를 올립니다. 이제 차 안은 달리는 사원이 되었습니다. 차 안의 새벽 기도는 한 시간 이상 이어졌습니다. 눈썹 같은 초승달이 버스를 따라 왔습니다. 인더스 강도 차를 따라 흘러갑니다. 푸른 새벽 차창을 스쳐 가는 풍경과 기도 소리는 이곳이 신들의 땅 라다크임을 각인시켜주었습니다.

히말라야 깊은 골짜기 동굴 속에 있다는 전설 속의 사원, 푹탈 곰파. 머무르는 것만으로 마음의 상처가 치유된다는 그 사원을 떠올릴 때마다 티베트의 신화 속에 그려진 현자의 사원을 상상하곤 했습니다.

긴 버스 여행이었습니다. 길은 마치 현세와 내세를 잇는 것처럼 아득하기만 했습니다. 긴 손잡이가 달린 큰 북을 붙잡고 쩔쩔매던 사내는 북에 머리를 기대고 잠이 들었습니다. 나와 대각으로 앉아 있던 여승은 죽은 듯이 엎드려 있습니다. 귀가 찢어질 듯 크게 튼 음악소리만이 무료한 풍경들을 지워나갈 뿐입니다.
끼익 하고 버스가 섰습니다. 북을 붙잡고 잠이 들었던 사내가 쿵 하고 머리를 북에 부딪치고 말았습니다. 사내는 북이 괜찮은지 살피고 머리 한 번 쓰다듬더니 다시 잠을 청합니다.
세 명의 사내들이 버스에 올랐습니다. 사방을 둘러봐도 마을은커녕, 인적도 없는 이 히말라야 골짜기에서 버스를 세우는 사내들은 누구일까?
그들은 내 옆자리에 자리를 잡았습니다. 이들에게서 발정난 수컷 염소에게서 나는 누린내 같기도, 짐승들의 피비린내 같기도 한 고약한 냄새가 풍겼습니다. 버스는 다시 움직였고, 차창 너머로 유목민 텐트가 스쳐 지나갔습니다. 스친 풍경 속에 어린 염소를 안은 소년이 차를 향해 손을 흔들었습니다.
사내들이 큰 소리로 떠들기 시작하자 죽은 듯 엎드려 있던 여승이 일어나 부스스한 눈으로 뒤돌아봤습니다. 한 사내가 마대자루를 열더니 술병을 꺼내 병나발을 불었습니다. 창이라는 이곳 막걸리의 시큼한 냄새가 버스 안에 진동했습니다. 버스가 출렁일 때마다 사내들의 턱에서 술이 흘러내렸습니다. 사내들은 술을 마시며 이따금씩 나를 힐끔거렸습니다. 술병이 다 비워질 즈음 한 사내가 노래를 불렀습니다. 노래라기보다는 하나의 푸념처럼 들렸습니다. 삶의 고단함이 진득하니 묻어나는 정선아리랑 같은 가락입니다.

버스는 높은 고갯마루를 넘고 있습니다. 히말라야 산맥 봉우리들이 손에 잡힐 듯 가깝습니다. 봉우리에서 밀려난 눈덩이들이 거대한 빙하를 이루고 있습니다. 수많은 마차들이 바퀴자국을 내며 지나간 것 같은 형상입니다. 조수가 다가와 나에게 이곳에서 사진을 찍지 않겠냐고 물었습니다. 버스 기사가 백미러를 통해 힐끗 나를 보더니 차를 세웠습니다. 몸살 증세로 고생하는 기사에게 아스피린 몇 알 준 게 고마웠던 모양입니다. 오지여행을 하다 보면 작은 비상약품 한 알도 요긴하게 써 먹을 때가 있습니다.

티베트 고원을 여행 중이었지요. 내가 탄 지프 운전사가 과로로 쓰러졌습니다. 비상약품 중 청심환 한 알을 그에게 먹였더니, 잠시 후 놀라운 일이 벌어졌습니다. 쓰러져 있던 그가 다시 일어나 운전대를 잡은 것입니다. 내가 마지막 남은 한 알마저 그에게 주며 위급할 때 사용하라고 하자 그는 나를 마치 무슨 명의 보듯 바라보았습니다. 그 운전사의 기억에는 청심환 한 알이 기적의 명약으로 각인되었을 것입니다.

술을 마시던 유목민 사내들은 꼬꾸라져 잠든 지 오래입니다. 버스는 영원히 멈추지 않을 것처럼 골짜기를 향해 들어가고 있습니다. 내가 어디로, 무엇 때문에 가고 있는지조차 무의미해질 무렵, 버스는 파둠이라는 곳에 닿았습니다.

서른 시간의 버스 여행은 그렇게 끝이 났습니다. 승객들은 동면에서 깨어난 곰처럼 부스스 일어나 제 갈 길을 찾아 떠났습니다. 나는 모래바람 부는 파둠 거리에서 어디로 향해야 할지 몰라 한동안 멍하니 서 있었습니다.

길 건너 HOTEL IBEX라는 간판을 보며 나는 천천히 걷기 시작했습니다.

푹탈곰파의 라마승 남걀이 두 명의 마부를 데려왔습니다. 검게 탄 그들의 얼굴에서 태양과 바람의 흔적이 남아 있었습니다. 남걀의 고향 부근에 산다는 마부들은 승려와 동행해서 현지인 가격으로 해준다며 어깨를 으쓱해 보였습니다. 내일 아침 아홉 시에 출발하기로 하고 마부들이 돌아갔습니다. 파둠의 가게에서 계란 다섯 판을 샀습니다. 푹탈곰파에 가려면 꼭 계란을 사서 가라던 어느 여행자의 말이 떠올랐기 때문입니다. 추운 이곳에서는 닭이 살지 못합니다. 계란은 히말라야 산맥을 넘어 먼 길을 오기 때문에 아주 비쌉니다.

아침 9시 마부들이 말을 몰지 않고 맨 몸으로 왔습니다. 어떻게 된 거냐고 물었더니 이곳에서 라루까지는 자동차도로가 생겨 그곳에 말을 두고 왔다고 했습니다. 덕분에 그곳까지 가는 일정이 하루 정도 단축될 것 같습니다.

트럭은 강을 따라 거슬러 오르는 길을 시속 10km도 채 내지 못한 채 덜컹거리며 굴러갔습니다. 거친 강물이 이 골짜기를 찾는 사람들에게 적의를 드러내며 흘러갔습니다.

라루는 강을 사이에 두고 5000m가 넘는 만년설 봉우리에 둘러싸여 있는 너른 골짜기에 있었습니다. 벌판 한가운데 불탑들이 서 있고, 제법 큰 학교도 보입니다. 농사를 지을 너른 땅이 있어서인지 마을은 풍요로워 보였습니다.

마부들은 산에 풀어둔 말을 찾아오겠다며 산으로 올라갔습니다. 노승 남걀은 자신은 빨리 걷지 못하기 때문에 미리 가고 있겠다

며 붉은 장삼을 펄럭이며 출발했습니다. 노승이 걸어가는 까마득한 계곡 길을 걱정스레 바라보고 있자니 현기증이 일었습니다.
마부들이 짐을 마대자루에 넣고 성긴 바늘로 기웠습니다. 마부 앙두는 짐이 다 꾸려지자 부근 불탑에 머리를 대고 기도를 했습니다. 그 간절함을 보니 우리 앞에 놓인 길이 얼마나 험할지 짐작이 갑니다.
길은 가파른 협곡으로 내려섰다 다시 오르막길로 접어들었습니다. 짐을 실은 말들의 거친 숨소리만큼이나 내 심장도 거칠게 뛰었습니다. 말들도 힘이 드는지 히이힝 하고 울음을 내질렀습니다. 마부는 말들이 옴 마니 반메훔 한다며 껄껄껄 웃었습니다. 이런 험한 길을 가다보면 사람도 말도, 옴 마니 반메훔을 해야 할 것 같습니다.

이차르 빌리지

마을은 환영처럼 나타났습니다. 하얀 불탑들이 동구 밖 서낭당처럼 마을을 지키고 있었고, 강변 단애 위에는 성채 같은 큰 집들이 세워져 있었습니다.
마을로 들어서자 광장에는 거대한 불탑들이 늘어서 있어, 마치 불탑들의 사열을 받는 묘한 느낌이었습니다. 판타지 영화에서나 등장할 것 같은 신비한 마을입니다. 마을 이름은 이차르라고 했습니다.

마부 앙두의 딸이 이 마을에 살고 있어 그 집에서 하룻밤 묵어 가기로 했습니다. 좀 더 걸어서 푹탈곰파와의 거리를 좁힐 수도 있겠지만, 마부들은 말들이 먹을 풀이 있는 곳을 골라 하룻밤 쉬어간다고 했습니다. 마부들이 말들을 멀리 높은 산으로 데리고 가 풀어놓았습니다.

마부의 딸 체팔은 두 달 된 아기에게 젖을 먹이고 있었습니다. 집의 규모는 굉장히 컸지만 아래층 대부분은 짐승들의 숙소입니다. 농사 지을 땅이 별로 많지 않은 이곳 사람들은 대부분 염소와 양을 치면서 살아가고 있습니다.

저녁이 되자 수많은 염소와 양떼들이 마을로 돌아왔습니다. 체팔의 여동생도 몇 십 마리의 염소와 양을 몰고 집으로 돌아왔습니다. 마부 앙두에게는 세 딸이 있는데, 그 중 둘째딸은 야크와 소떼를 몰고 먼 산에서 여름 한 철 지낸다고 했습니다.

저녁은 봄나물인 굼북으로 국을 끓였습니다. 우리의 냉이국과 비슷해. 나는 국을 두 그릇이나 비웠습니다. 마부 앙두는 저녁 대신 이곳 막걸리인 창에다 보릿가루 참바를 타서 마셨습니다. 옛날 우리네 시골에서도 힘든 농사일에 허기진 배를 막걸리에 의지해 버틴 적이 있었지요. 저녁을 파하고 나자 창으로 술판이 벌어졌습니다. 인근 마을에 산다는 마부까지 합세했습니다. 이들의 술판은 밤이 이슥토록 이어졌습니다. 나는 흙으로 된 방바닥에 천 조각 하나 깔고 깊은 잠 속으로 빠져 들었습니다. 옆방에서 들려오는 마부들의 노랫가락을 자장가 삼아서…….

이차르 마을에서 길은 강을 따라 두 갈래로 나눠집니다. 두 길 다 푹탈곰파로 가는 길이지만, 강을 건너지 않는 길은 좁고 위험해 말들이 다닐 수 없는 길이라고 했습니다. 다리를 건너 강을 따라 난 길을 걸었습니다. 길은 있으나 지나는 사람은커녕, 말 한 마리 보이지 않는 적막한 길입니다. 거친 강물 소리만이 들릴 뿐입니다. 여름이면 이따금씩 트레킹을 하는 사람들이 다닌다는데, 아직 철이 일러서인지 아무도 보이지 않습니다. 살아 있는 그 무엇도 없을 것 같은 땅에 붉은 찔레꽃이 피어 있습니다. 마부들이 찔레꽃 어린 순을 꺾어 껍질을 벗겨 먹었습니다.

거친 강물이 우우 소리를 지르며 내달렸습니다.
차라리 눈을 감아버리고 싶은 황량한 풍경입니다.

체탕이라는 마을에 닿았습니다. 단 두 집뿐인 마을. 마을이라고 부르기도 애매한 곳입니다. 협곡 사이로 물이 흐르는 작은 땅이 있어 마을이 생긴 것 같습니다. 다행히 강 건너편에 두 서너 가구 되는 마을과 마주보고 있어 외로움이 덜 할 것 같습니다. 감자밭에서 일을 하던 아가씨가 우리를 보고 달려왔습니다. 마부 앙두의 조카딸이랍니다. 그녀의 이름은 게상입니다. 고산지대의 거친 태양과 바람에 볼이 텄지만, 환한 미소가 싱그러운 라다크 처녀입니다. 이곳 사람들은 이 마을 저 마을 모두가 친척입니다. 그녀의 어머니는 곰파에 기도하러 갔고, 아버지는 말을 몰고 일거리를 찾아 파둠으로 떠났다고 합니다. 게상은 어린 여동생과

가축을 돌보며 집안 살림을 도맡아 하고 있었습니다. 함께 온 젊은 마부를 보자 그녀는 얼굴을 붉혔습니다. 그녀는 차 대신 티베트 막걸리인 창부터 꺼내왔습니다. 창에다 보릿가루인 참바를 타서 미숫가루 마시 듯 너나 할 것 없이 한 사발씩 들이켰습니다. 마부 앙두가 나에게도 창을 권했습니다. 마땅히 마실 음료도 없기에 받아마셨습니다. 막걸리보다 좀 더 맑은 술은 그리 독하지도 않고 새콤한 게 마실 만 했습니다. 어릴 적 고향에서 막걸리에 찬밥을 말아 먹던 생각이 났습니다. 창을 마신 마부들은 이곳까지 걸어 왔던 힘든 여정도, 앞으로 펼쳐질 길에 대한 두려움도 까마득히 잊고, 거실에서 모두 잠 속으로 빠져 들었습니다.

마부들이 잠든 사이 게상은 구리주전자와 찻잔들을 닦고 또 닦았습니다. 찻잔을 닦는 게상의 모습이 행복해 보였습니다. 이런 히말라야 골짜기에서 마부의 딸로 살아간다는 것도 그리 나쁘지 않을 것 같아 보입니다. 어차피 다람쥐 쳇바퀴 돌듯 사는 삶이라면 히말라야 골짜기는 어떻고, 뉴욕 한복판이면 어떻습니까? 이따금씩 아버지가 데려오는 마부들에게 차를 끓여주고, 젊은 마부와 사랑에 빠져보는 것도 좋을 것 같습니다. 아버지가 사다주는 예쁜 찻잔 하나, 좋은 보온병 하나가 게상에게는 명품 핸드백보다 더 소중할 것입니다.

게상의 배웅을 받으며 다시 길을 떠났습니다. 신화 속 사원을 찾아가는 길은 강을 따라 끝없이 이어졌습니다. 태양과 대지 사이를 자발적 유배자가 되어 걷고 또 걸었습니다. 말발굽 정도 넓이의 길 아래로는 거친 강물이 우우 소리를 지르며 내달렸습니다. 차라리 눈을 감아버리고 싶은 황량한 풍경입니다. 만약 저승으로 가는 길이 있다면 이런 길일 거라는 생각이 들자 화들짝 소름이 끼쳤습니다. 생과 사의 중간에 있다는 중음의 풍경이 아마도 이와 비슷하지 않을까 싶습니다.

해거름 무렵, 집 한 채가 나타났습니다. 마부들이 집을 향해 소리치자 한 아낙이 창이 든 술병과 보릿가루 참바를 들고 부리나케 달려 내려왔습니다. 하도 반갑게 달려 내려오기에 친척이냐고 물었더니 마부가 고개를 저었습니다. 이곳 사람들에게 마부는 외부 소식을 전해들을 수 있는 유일한 대상이고, 필요한 물품을 부탁할 수도 있는 아주 소중한 사람들입니다. 아낙과 마부들의 대화는 끝날 줄 몰랐습니다. 아마도 누구 집의 말이 새끼를 몇 마리 낳았는지조차 궁금한 모양입니다.

강 건너 가느다란 길 위로 불그스레한 물체가 움직였습니다. 자세히 보니 붉은 옷의 사람입니다. 눈 밝은 마부들이 보더니 앞서 출발한 노승 남걀이라고 했습니다. 서른 시간의 버스 여행, 그리고 며칠째 험한 산길을 홀로 걷고 있는 일흔 둘의 노승. 그가 걸어가는 풍경이 가히 눈물겹습니다. 이곳에서는 저렇게 걸어가는 것만으로도 신에게 다가갈 것 같습니다.

두 강이 만나는 부니라는 곳에 닿았습니다. 집이 두 채뿐인 이곳은 푹탈곰파와 마날리로 이어지는 삼거리입니다. 비록 집이 두 채뿐이기는 하지만 집 주변으로 많은 불탑들이 조성되어 있고, 작은 가게도 있습니다. 가게집 아들이 큰 야크를 타고 산에서 돌아왔습니다. 긴 털과 커다란 뿔, 지금까지 본 야크 중, 가장 크고 잘생겼습니다. 야크가 몇 살이냐고 물으니 열두 살이라고 했습니다.

"야크야, 내 닉네임도 야크란다."

마부들이 산마루로 말을 데리러 간 사이 먼저 출발했습니다. 간사르라는 마을에 도착했습니다. 말이 마을이지 달랑 집 한 채뿐인 곳입니다. 한 여승이 내려와 푹탈곰파에 가느냐고 물었습니다. 그렇다고 했더니 잠깐만 기다려달라고 했습니다. 여승은 카타라 불리는 하얀 수건과 약간의 돈을 주면서 푹탈곰파에 시주해달라고 했습니다. 스쳐 지나는 여행자에게도 시줏돈을 맡기는 순수한 마음. 이곳 히말라야에서는 가능한 일입니다.

골짜기로 들어서자 아침 공기 탓인지 흘러가는 강물에도, 불어오는 바람결에도 신성이 느껴졌습니다. 강변으로 늘어선 거대한 바위산들은 이곳으로 들어오는 사람들에게 경외감을 일으키기에 충분합니다. 인간은 이 우주에서 작은 티끌에 불과하다는 사실을 이곳 히말라야는 내게 일깨워줍니다. 인간 중심인 도회지 생활에서는 불가능한 일이지요. 어느새 짐을 실은 말과 마부들이 나를 따라왔습니다. 길은 완만하고 공기는 상쾌했습니다. 다리 하나를 건너고 오르막길을 올라서자 강변 단애 위로 푹탈곰파가 나타났습니다. 마부들은 말을 세우고 강변에 세워진 돌탑에 머리를 대고 기도했습니다. 곰파를 처음 본 순간, 기억할 수 없는 전생의 기억 한 가닥이라도 떠오를 줄 알았습니다. 그러나 이곳까지 무사히 도착했다는 안도감 외에는 아직까지 별다른 느낌은 없습니다.

신화 속 곰파는 벼랑 동굴 입구에 제비집처럼 붙어 있었습니다.
그토록 오랫동안 와보고 싶었던 곳,
나는 멍하니 서서 오랫동안 곰파를 올려다보았습니다.

곰파로 오르는 길은 강변으로 길게 이어진 불탑들을 따라 나 있었습니다. 우리 일행이 오는 걸 보았는지 어린 라마승들이 가파른 계단을 사뿐사뿐 나비처럼 날아서 내려왔습니다.

조용하던 곰파가 갑자기 시끌벅적해졌습니다. 먼저 출발한 라마승 남걀은 아직 보이지 않았습니다. 푹탈곰파에는 어린 라마승과 몇몇 노승만이 있었습니다. 다른 라마승들은 인근 마을에서 열리는 기도회에 참석하러 갔습니다. 곰파는 겉으로 보기에 라다크의 여느 사원과 달라 보이지 않았습니다.

열쇠꾸러미를 주렁주렁 매단 따시라는 라마승이 내가 묵을 방으로 안내했습니다. 그는 곰파의 살림을 도맡아 하고 있는 라마승입니다. 내가 묵을 방은 아주 초라했습니다. 가끔씩 외부에서 오는 라마승이나 순례자들이 묵는 방이라는데, 천장은 낮아 머리를 숙여야 하고, 천장에서는 바람이 불 때마다 흙이 계속 떨어졌습니다. 하지만 이 험한 골짜기에서 비바람만 피할 수 있다면 더 이상 바랄 게 없습니다. 푹탈곰파에서의 생활은 그렇게 시작되었습니다.

동굴 사원

선사시대부터 쭉 사람이 살아왔다는 동굴 안은 넓고도 높았습니다. 내 마음속 신비의 사원으로 여겨졌던 동굴 사원은 그렇게 실체를 드러냈습니다. 동굴 안 중앙에 하얀 불탑이 자리 잡고 있었습니다. 이 곰파를 중흥시킨 린포체의 초르텐이라고 합니다. 그 린포체가 손으로 동굴 바위를 뚫었다며, 라마승 따시는 양손으로 동굴을 밀어 올리는 시늉을 했습니다. 이곳에 오기 전 들었던 곰파에 관한 소문의 실체들이 사실로 드러나고 있었습니다. 티베트 카일라스 산에도 성자 밀라레파가 바위를 들어 올렸다는 동굴 사원이 있었습니다. 세계 어디를 가나 동굴신화는 비슷한가 봅니다.

푹탈곰파는 동굴 한가운데 물이 흐르는 샘이 있었는데, 몇 년 전부터 물길이 다른 곳으로 옮겨가버리고, 이제 물은 곰파 동쪽 절벽 아래서 흘러나왔습니다.

동굴 천장과 맞닿아 지어진 법당은 천장이 낮아 자칫하면 동굴 바위에 머리를 부딪치기 일쑤입니다. 어두컴컴한 동굴에 모신 여러 신상들은 눈을 천으로 가려두었습니다.

《티베트의 마법과 사랑》이라는 소설에는 티베트 뵌교 마법사들의 이야기가 등장합니다. 프랑스 여류작가이며 티베트 문화연구가인 저자는 티베트 동굴 속에서 생활하며 라마승들로부터 티베트의 언어와 티베트 불교를 배웁니다. 그녀는 오랜 티베트 여행에서 들었던 실화를 바탕으로 이 소설을 썼습니다. 소설 속에는 석실 속에 사람을 산 채로 넣고 굶겨 죽여 거기서 불사약을 만들어낸다는 이야기가 등장합니다. 만약 마법이 행해진다면 이런 동굴 사원이 제격일 거라는 엉뚱한 상상을 해보았습니다. 법당 한 쪽에는 눈이 부리부리한 파드마 삼바바가 동굴을 지키고 있었습니다. 인도에서 티베트로 불교를 전한 파드마 삼바바는 히말라야 산맥을 넘으면서 거의 동굴에서 수행했던 걸로 전해옵니다.

파드마 삼바바는 히말라야 설산 동굴에서 비밀의 경전을 티베트어로 번역하는 일을 시작했습니다. 그가 번역한 경전이 100권이 넘었다고 전합니다. 그러나 그는 그 책들을 세상에 공개하지 않았습니다. 아직은 그 책이 세상과의 인연이 아니라며……. 그 책들은 여러 동굴 속에 숨겨져 있습니다.

그는 죽기 전 몇몇 제자들에게 다시 환생하는 능력을 전수합니다. 그가 공간과 시간을 초월한 위대한 성자였기에 가능한 일이었습니다. 그 후 수백 년마다 그의 제자들이 환생하여 동굴에 숨겨져 있던 비밀의 경전을 꺼내기 시작했습니다. 아마포_아마로 만든 천_에 싸인 채 쿰란 동굴 속 항아리에 숨겨졌던 《사해고문서》처럼. 이 환생자들을 티베트 사람들은 퇴르퇸이라 불렀습니다. 동굴 속에서 잠자던 고대의 언어들이 잠자던 시간의 마법에서 풀려나 사람들에게 비밀의 경전을 들려주기 시작했습니다.

파드마 삼바바는 《티베트 사자(死者)의 서(書)》라는 책으로 세간에 널리 알려지기 시작했습니다. 이 책의 원제목은 《바르도 퇴돌》입니다. 티베트에서는 사람이 죽어 환생하는 사이를 바르도라고 부르며 그 기간은 49일입니다. 낮과 밤의 사이, 삶과 죽음의 사이입니다. 퇴돌은 사후 세계의 중간 단계에서 듣는 것만으로도 영원한 자유에 이른다는 뜻입니다. 이 책은 죽음을 맞이하는 순간의 영혼은 어떤 현상을 경험하게 되며, 사후 세계는 어떻게 펼쳐지는가, 환생의 굴레를 벗고 영원한 해탈에 이르는 방법은 무엇인가, 환생하는 자는 어떤 선택을 하게 되는가 등에 대해 자세히 쓰여 있습니다. 약 1200여 년 전에 씌어진 티베트 최고의 경전입니다. 이 책은 일종의 만가(輓歌)입니다.

《티베트 사자의 서》는 1927년 영국 옥스퍼드대학 출판부에서 번역 출간된 후 서구 사회에 엄청난 반향을 일으켰습니다. 당시 서구의 대표적 심리학자였던 칼 융이 책의 해설을 쓰기도 했습니다.

나는 쿰란 동굴의 베두인족 소년처럼, 《티베트 사자의 서》를 동굴에서 찾아낸 환생자들처럼 이곳 동굴 어딘가에 비밀의 경전이 숨어 있을지 모른다는 생각에 사방을 둘러보았습니다. 하지만 동굴에 둥지를 튼 박쥐들만이 낯선 이방인에게 적의를 드러내고 있을 뿐입니다. 그래도 나는 이곳 동굴 사원 은밀한 곳에 파드마 삼바바가 숨겨 놓은 비밀의 경전이 있을지도 모른다는 생각을 버리지 않았습니다.

이제 흙이 물 속으로 가라앉고
물은 불 속으로 가라앉고
불은 공기 속으로 가라앉고
공기는 의식 속으로 가라앉는
죽음의 현상이 나타나고 있다.

-《티베트 사자의 서》중에서-

일상

곰파 옥상에서 뚜우~ 하고 둥까르 소리가 울렸습니다. 소라고 둥으로 만든 저 악기는 티베트 여러 의식에 두루 쓰이는 악기입니다. 둥까르 소리에 먼저 반응하는 것은 곰파에서 키우는 검은 개와, 중까라 불리는 까마귀입니다. 딱히 부르는 이름도 없다는 검은 개는 둥까르 소리에 화답이라도 하듯이 우우우 하며 늑대처럼 웁니다. 수십 마리의 까마귀도 하나 둘 동굴 회랑으로 날아들고, 라마승들은 찻잔과 경전이 든 보자기를 들고 속속 모여듭니다. 동굴 중앙 법당 앞에 여러 명이 모일 수 있는 공간이 있습니다. 넓은 동굴 입구가 지붕이 되어주고 까마득한 발 아래로 강물이 흐르는, 곰파에서 가장 전망이 좋은 장소입니다. 노승들은 긴 방석에 앉고 어린 라마승들은 찻주전자를 들고 주방을 들락거리며 차를 나릅니다. 노승들이 앉은 끝자리가 불청객인 내 자리입니다. 찻잔에 차가 채워지면 기도가 시작됩니다.

내 기도의 화두는 나를 세상 끝까지 떠돌게 하는 외로움입니다.
이곳에 있는 동안 나를 괴롭혀온 외로움과 맞서볼 생각입니다.

관
심

어린 라마승 켄랍의 모자가 뒤쪽이 터져 머리가 보였습니다. 모자를 벗어달랬더니 쑥스러워하면서 얼굴까지 빨개졌습니다. 곁에 있던 다른 라마승이 모자를 훌렁 벗겨 내게로 던져주었습니다. 언제 빨았는지도 모를 모자는 기름 때로 반질거렸습니다. 나는 곰파 외벽에 기대어 앉아 모자를 기웠습니다. 어린 라마승들이 내 주위를 빙 둘러쌌습니다. 너도 나도 자기 모자도 기워달라고 야단입니다. 한 녀석은 괜찮은 모자에 손가락을 넣어 기어이 구멍을 내고 말았습니다. 이들에겐 단순히 모자 깁는 것이 아닌 사람에 대한 관심처럼 보였습니다. 모자를 다 기워주고 10루피를 달라고 하자 모자를 뺏어 저만큼 달아났습니다. 달려가는 아이들 뒤로 뽀얀 흙먼지들이 피어올랐습니다. 가슴속에 작은 행복 하나를 기웠으니 내가 그들에게 10루피씩 주어야 할 것 같습니다.

노승

노승의 방을 방문했습니다. 노승은 올해 여든다섯입니다. 노승의 방은 한 사람 몸을 누이기에도 좁아 보였습니다. 낮은 천장과 작은 창은 추운 겨울을 날 수 있도록 지어졌습니다. 노승은 창가에서 티베트어로 쓰인 경전을 읽고 있었습니다. 경전 한 권 놓기에도 좁은 앉은뱅이 책상, 경전을 싼 보자기, 손때 묻은 염주. 눈물이 날 만큼 소박하고 경건한 물품들입니다. 그것들은 온갖 것을 끌고 이곳까지 온 나 자신을 부끄럽게 했습니다. 내가 끌고 온 것은 물질만이 아니었습니다. 복잡하고 쓸데없는 생각까지 따라왔습니다. 노승은 가만히 내 손을 잡았습니다. 그리고 무언의 법문을 들려주었습니다.

진정한 만족은 원하는 것을 소유하는 게 아닙니다.
원하는 마음으로부터 벗어나는 것입니다.
사랑도 물질도 원한다는 것은 고통입니다.

노승은 불을 피워 차를 끓였습니다. 작은 방에 차 따르는 소리만이 가득했습니다. 누군가와 간절히 소통하고 싶다는 열망은 언어를 필요로 하지 않습니다. 이곳에서는 이심전심이라는 언어만이 존재합니다.

키키소소 야알갈로

라마승 따시가 강 건너 마을에서 제례가 있으니 함께 가자고 했습니다. 잔스카르에 봄이 오면 사람들은 곰파의 라마승을 불러 제를 올립니다. 한 해의 곡식이 잘되기를, 가축이 무럭무럭 잘 자라기를, 온 가족이 아무 탈 없이 지내기를 신께 빕니다. 사하촌 유가르 마을에는 여섯 가구가 살고 있습니다. 오늘 두 집에서 제의가 열립니다. 탁자 위에는 보리가 가득 깔렸습니다. 보릿가루인 참바와 버터로 의식용 장식을 만들어 제단을 꾸몄습니다. 기름 종지에 불이 켜지고, 향나무를 태워 주변을 정화시켰습니다. 마지막으로 들꽃을 꺾어와 제단을 장식했습니다. 비록 소박한 제단이지만 이들이 보여준 정성은 어느 성대한 의식보다도 경건하고 신성해 보였습니다.

키키 쏘쏘 야_알 겔로
키키 쏘쏘 야_알 겔로
키키 쏘쏘 야_알 겔로

세 승려의 기도가 시작되었습니다. 주전자처럼 생긴 제의용 용구에 물을 담아 뿌렸습니다. 의식 중간중간 곡식도 뿌렸습니다. 생명의 물과 생명의 씨앗입니다.
이들의 기도는 오후까지 이어졌습니다. 집 안에서의 의식이 끝나자 이제 밭으로 나갔습니다. 주인 남자는 경전을 싼 보자기를 등에 매고 라마승을 따라 나섰습니다. 집안 대대로 내려오는 보자기입니다. 나팔인 둥첸과 소라고둥인 둥까르를 불고 북과 바라를 치면서 보리밭을 밟으며 지신에게 고했습니다.

키키 쏘쏘 야_알 겔로
키키 쏘쏘 야_알 겔로
키키 쏘쏘 야_알 겔로

이 주문은 꼭 세 번씩 연달아 외쳤습니다.

"신들이시여! 당신들이 승리했습니다."

순례길, 산이나 위험한 곳을 넘게 될 때 신들이 승리했다고 선포함으로써 행로에 방해되는 귀신들을 쫓아버리는 의미입니다.
카일라스 코라 순례 길이었습니다. 해발 5700m 돌마라 패스에서 이 만트라를 처음 들었습니다. 고갯마루에는 수많은 기도깃발들이 나부꼈습니다. 오체투지로 그곳까지 올라온 순례자들이 깃발을 걸면서 이 만트라를 외쳤습니다. 무슨 뜻인지는 몰랐지만, 죽을 만큼 힘들게 올라온 고갯마루에서 들었던 만트라의 강렬한 울림은 절로 신성을 자아내게 했습니다.
밭을 한 바퀴 돈 행렬은 마을 큰 향나무 아래로 가서 기도를 올렸습니다. 마을 뒷산인 샤와릭에게도, 마을 앞을 흐르는 초랍강에게도 기도를 올렸습니다. 마지막으로 강 건너 푹탈곰파를 올려다보며 기도를 마쳤습니다.

유가르 마을의 올해 농사는 풍년일 것입니다.

어떤 기도

훈육사감 다장은 아침 다섯 시면 일어나 기다란 쇠붙이를 두드리며 곰파를 돕니다. 쨍그랑 소리에 놀란 어린 라마승들은 부리나케 일어나 물이 흐르는 절벽으로 달려갑니다. 동굴 앞 테라스에서는 아침 여섯 시가 되면 어김없이 어린 라마승들의 공부가 시작됩니다.

경전 암송을 잘하는 믹마르, 때 묻은 옷을 걸쳐도 귀티가 나는 앙타크, 뭘 시켜도 차분하기 이를 데 없는 막내 남걀, 콧물이 발등을 찍을 것 같으면서도 틈만 나면 춤을 추는 켄랍, 열 명 남짓한 소년들이 훈육사감의 지도하에 경전 공부를 합니다. 열 살 전후의 이 어린 라마승들이 푹탈곰파의 꽃입니다. 막내인 남걀과 켄랍은 꾸벅꾸벅 졸다가 사감의 불호령에 경전을 다시 손에 들곤 합니다. 동굴은 고대로부터 많은 수도자들이 수행 터로 삼았던 공간입니다. 소년들의 경전 읽는 소리가 동굴에 반향되어 신의 음성으로 되돌아옵니다. 동굴 앞 회랑에서 펼쳐지는 소리와 풍경은 가슴 시리도록 청명합니다. 이곳에서는 저 소리와 풍경만으로도 기도가 됩니다. 기도는 인간이 신에게 바치는 아주 특별하고 소중한 선물입니다.

앞산 야크 한 마리 옴 마니 반메훔
앞산 야크 두 마리 옴 마니 반메훔
동굴 앞 까마귀 한 마리 옴 마니 반메훔
동굴 앞 까마귀 두 마리 옴 마니 반메훔

도르제

곰파에서 승려가 아닌 사람은 학교 선생인 롭상과 주방장 도르제, 그리고 나, 세 사람뿐입니다. 도르제는 예순이 다 된 나이에도 결혼도 하지 않고 곰파에서 주방일은 물론이고 온갖 허드렛일을 도맡아하고 있습니다. 우리나라 절에 가면 볼 수 있는 불목하니와 비슷합니다. 긴 검은 옷을 입고 그을음으로 뒤덮인 동굴 주방에서 묵묵히 일을 하는 그를 보면 마치 영화 속에서 보았던 중세 성당의 사제 같다는 느낌이 듭니다. 아침 다섯 시면 그는 동굴 안의 불탑을 돕니다. 내 불탑 도는 시간과 비슷해 함께 기도하며 돌기도 합니다. 전생 어느 한 모퉁이에서 함께 기도했던 인연이 있었을까요? 불탑을 돌다 얼굴이라도 마주치면 그는 백치처럼 환하게 웃기만 합니다. 그는 어느 누구와 마주쳐도 말하는 것을 들은 적이 없습니다. 어쩌면 그는 이번 생에서 묵언 수행 중인지도 모릅니다. 그에게 행복하냐고 물었더니 얼굴 가득 웃으며 고개를 끄덕였습니다. 우문현답이 되고 말았습니다.

이곳에 오기 전까지 나는 많이 불행하다고 느꼈습니다. 투자했던 돈은 휴지조각이 되었고, 나는 그를 열망했지만 그는 떠나가버렸습니다. 이 세상에서 더는 버틸 곳이 없다는 절박한 마음으로 이곳까지 오고 말았습니다. 도르제의 행복과 내 불행은 어떤 차이가 있을까요? 이곳에 머무는 동안 내가 풀어야 할 화두입니다. 도르제는 아침 기도가 끝나면 나무를 지고 와 차를 끓이고, 보릿가루인 참바를 반죽해 동굴 주위를 배회하는 새들에게 먹이를 줍니다. 도르제는 나와 함께 점심 준비하는 걸 아주 좋아합니다. 내가 도와줄 수 있는 건 기껏해야 양파나 감자 껍질 벗기기 정도이지만 누군가와 함께한다는 사실에 살짝 감동하는 눈치였습니다. 점심시간이 지나면 도르제는 지게를 지고 초랍 강변으로 땔감을 구하러 갑니다. 강물에 실려 온 나뭇가지를 줍거나, 강변을 따라 몇 그루 서 있는 유칼립투스나무 가지치기라도 해옵니다. 틈틈이 나무를 모아두어야만 겨울 한 철을 날 수 있기 때문입니다. 해질녘이면 불탑이 죽 늘어서 있는 길을 나무를 지고 휘이휘이 걸어오는 도르제의 모습을 볼 수 있습니다. 어떤 라마승의 기도보다도 더 아름답고 숭고한 풍경입니다. 육조단경에는 열심히 공부한 신수보다 나무를 패던 혜능이 먼저 법을 깨우쳤다는 이야기가 전해져옵니다. 도르제의 저 숭고한 노동이 어쩌면 신에게 먼저 다가가는 길인지도 모릅니다.

공
동
체

내일은 이곳에서 큰 기도회가 열립니다. 인근 마을에서 의식에 쓰일 보릿가루와 버터 등이 말에 실려왔습니다. 큰 통에 보릿가루 반죽을 하는 것으로 의식에 쓰이는 똘마 만들기가 시작되었습니다. 똘마는 보릿가루에 버터를 넣고 반죽해 만든 의식용 형상입니다. 둘러 앉아 형상을 빚는 모습이 마치 명절날 송편을 빚는 모습 같습니다. 노승들이 형상을 빚으면 어린 동승들은 버터로 장식을 합니다. 완성된 똘마는 제단으로 옮겨가 만다라를 만들어 나갑니다.

까마귀들이 참바가루 냄새를 맡고 동굴 회랑으로 모여들기 시작합니다. 노승 칼장은 틈틈이 까마귀들에게 참바 가루 뭉친 것을 던져주었습니다. 곰파는 오랜만에 활기가 넘쳤습니다. 똘마 모양을 빚다 잘못된 것은 어린 라마승의 몫입니다. 찰흙처럼 뭉쳐서 서로에게 던지며 장난을 칩니다. 제일 어린 남걀이 반죽덩어리에 얼굴을 맞아 기어이 울음을 터뜨리자, 노승들은 어린 손자를 어루만지듯 남걀의 두 볼을 쓰다듬어줍니다. 눈물을 글썽거리던 남걀의 얼굴에 금세 웃음이 돌아옵니다. 똘마 만들기가 지루해지면 노승들도 어린아이들처럼 서로에게 반죽덩어리를 던지며 깔깔 거립니다. 반죽 하나 하는데 뭐가 그리도 즐거운지 노승들과 아이들의 웃음소리가 끝도 없이 동굴 사원에 울려 퍼집니다. 라다크 사람들의 장수 비결이 행복한 마음가짐이라고 합니다. 먹을 것 부족하고 힘든 삶이지만 오래전부터 이어져왔던 삶의 방식이기에 이들은 어려운 줄 모르고 잘살고 있습니다.

자신이 가진 것 이상을 바라지 않는 자족의 삶,
적게 쓰고 많이 행복해 하는 것,
그것이야말로 작고 소중한 행복의 비밀입니다.

어린 라마승들은 아침 여섯 시부터 회랑에 앉아 경전을 외웁니다.
이곳에서는 그 소리와 풍경만으로도 기도가 됩니다.

달라이 라마는 이렇게 말을 했지요.
순례는 강요된 행위가 아닌 마음에서 우러나오는 것이라고…….

적
요

롭상이 어린 라마승들과 함께 나를 찾아왔습니다. 크리켓 하는 데 같이 가지 않겠냐며……. 사방을 둘러봐도 이 벼랑에 크리켓 할 만한 장소는 없어 보였습니다. 어디에서 크리켓을 하느냐고 물었더니 산마루에 있는 헬리콥터 내리는 장소로 간다고 했습니다. 길이 끊기는 겨울이면 비상약품과 식량을 그곳에 헬기로 떨어뜨려준다고 합니다. 하지만 가파른 산길을 올려다보다 따라가는 걸 포기했습니다.

어린 라마승들마저 없는 오후 곰파는 한적하기만 합니다. 동굴 앞 회랑에 턱을 괴고 앉아서 사방을 살핍니다. 동굴 입구를 날아다니던 까마귀마저 움직임이 줄어들었습니다. 두 노승이 곰파 계단을 내려가고 있습니다. 강변까지 이어진 초르텐을 돌아오는 일은 라마승들의 기도 중 하나입니다. 옴 마니 반메훔 소리는 강물소리에 묻혀 가고, 풍경은 정지된 화면처럼 고요하기만 합니다.

적요의 시간입니다.

한 라마승이 창문에 목을 빼고 누군가를 기다립니다. 그 기다림이란 어떤 대상도 기약도 없습니다. 제한된 공간, 되풀이되는 일상 사이사이 밀려오는 무료함은 수도자인 라마승들도 견디기 힘든 것 같아 보입니다. 일상의 유일한 일탈은 강 건너에 있는 사하촌을 휭 하니 둘러본다든지, 강변에 심어둔 채소가 잘 자라는지 보러가는 일뿐입니다. 몇몇 어린 라마승은 어렵게 구해온 음악 테이프를 틀고 개다리 춤을 추기도 합니다. 그것조차도 무료할 때면 무슨 핑계를 대서라도 며칠씩 걸어야 닿을 수 있는 파둠까지 나갔다 돌아옵니다. 하지만 그곳까지 막상 나간다 해도 그곳에서 하는 일이란, 일주일에 한 번씩 들어오는 버스에서 내리는 사람들을 통해 바깥세상 소식을 듣는다든지, 다른 곰파에서 나온 라마승들과 만나 어슬렁거리다 돌아오는 것뿐입니다. 곰파에서는 온종일 내려다보아도 사람 한 명 보기가 힘듭니다.

운 좋은 날이면 이곳에서 이틀을 걸어가면 닿을 수 있는 샤데 마을로 짐을 싣고 가는 마부나, 이따금씩 순례 차 들리는 인근 마을 사람들을 보는 게 고작입니다. 내가 이곳에 처음 오던 날도 지금의 나처럼 누군가는 창문에 목을 빼고 아래를 살피고 있었을 것입니다. 누군가가 오고 있다는 소리에 어린 라마승들이 나비처럼 가파른 동굴계단을 날다시피 내려왔었지요. 다행히도 내 짐 속에는 계란 몇 판과 약간의 의약품이 있었기에 그들에게 덜 미안했습니다. 어쩌면 오늘은 이곳 라마승들이 출타했다 돌아오기를 기다릴지도 모릅니다. 라마승들이 인근 마을로 기도회를 떠난 지 며칠 되었거든요. 어릴 적, 장에 갔다 돌아오는 엄마를 기다리듯 그렇게 그들을 목이 빠져라 기다릴 것입니다. 그 기다림 끝에는 바깥세상의 이야기들과 기도해주고 받아오는 먹을거리들이 있습니다.

꽃도 사람도 외로운

요즘 나의 유일한 관심은 앞산에서 점으로 움직이는 야크 몇 마리입니다. 오늘도 관음증 환자처럼 망원경으로 앞산 구석구석을 살폈습니다. 하지만 야크 무리는 산 너머로 사라졌는지 보이지 않습니다.

앞산은 멀리서 건너다보면 거대한 흙덩어리와 자갈들로 이루어져 있어 살아 있는 그 무엇도 없을 것 같은 민둥산입니다. 그 산에 보랏빛 기운이 살포시 감돌았습니다. 앞산은 주변 험준한 바위산들에 비해 완만하고 순합니다. 거대한 산맥 속에서도 앞산의 봉우리 하나하나는 독립된 자아를 가진 것처럼 보입니다. 너른 품을 지닌 거인처럼 보이기도 합니다. 덕분에 푹탈곰파 라마승들에게 샤와릭이라는 산 이름도 얻었습니다.

사라진 야크도 찾아볼 겸, 그 산에 올라보기로 합니다. 산자락으로 희미한 길이 나 있습니다. 아무 곳이나 쏘다닐 것 같은 야크나 양떼들도 그들만이 다니는 길이 있다는 걸 압니다.
야크가 만들어놓은 길을 따라 산에 올랐습니다. 산 중턱에서 건너다 보이는 푹탈곰파의 풍경은 현실세계가 아닌 판타지 영화 속 풍경처럼 신비롭기 그지없습니다.
야크를 찾아 산길을 쏘다녀보았지만 녀석들은 산 너머로 가버린 모양입니다. 바람에 꽃향기가 실려왔습니다. 코끝을 스치는 향기의 진원지는 어디쯤일까요? 사방을 둘러봐도 초록이라고는 찾아볼 수 없는 해발 4000m가 넘는 험준한 산자락뿐입니다.
눈을 감고 숨을 깊숙이 들이쉽니다. 로즈마리 향 같기도, 라일락 향 같기도 한 향기는 마치 어느 광활한 초원에 와 있는 것 같습니다. 바람이 불어오는 방향을 따라 걸었습니다. 무채색 자갈들 사이사이로 보랏빛 물체들이 바람에 흔들렸습니다.
창포를 닮은 줄기에는 보랏빛 작은 꽃들이 다닥다닥 피어 있었습니다. 꽃에서는 오동나무 꽃에서 나는 향기가 났습니다. 짧은 여름 동안 꽃은 자기의 존재를 알리기 위해 바람에 향기를 실어 멀리멀리 보내고 있었습니다. 어느 골짜기에 있는 다른 꽃씨가 날아와 이들의 애절한 구애에 화답할 수 있을까요?

꽃도 사람도 참 외로운 땅입니다.

외로움

곰파 옥상에서 둥까르 고둥 소리와 긴 나팔인 둔첸 소리가 번갈아 들려왔습니다. 내일 큰 제의가 열린다며 여러 신들에게 고하는 의식이라고 합니다. 우리네 사찰 법고소리만큼이나 깊은 울림을 줍니다. 창문으로 달빛이 비쳐 들었습니다. 만월의 달빛은 고둥소리와 흘러가는 강물과 합세해 나를 아프게 합니다. 나는 알 수 없는 슬픔에 엉엉 울고 말았습니다. 내 울음소리는 강물소리에 묻혀갔지만, 내 안의 외로움만은 강물소리보다도 더 크게 나를 울렸습니다.

살아오면서 수많은 달빛과 마주했지요. 고향 바닷가 파도 위에 부서지던 달빛은 얼마나 신비했던가요. 만월인 밤, 양수리 강변에서 사랑하는 이와 함께 바라봤던 달빛은 얼마나 낭만적이었던가요. 그러나 히말라야 동굴 사원에서 맞이하는 달빛은 외로움의 극치입니다. 바람이 끊임없이 불어와 절벽 동굴에 부딪칩니다. 동굴도 외로워서 우우우 울고 있습니다. 외로워서 세상의 끝까지 가보자며 이곳까지 흘러들었지만, 내겐 너무 가혹한 시련입니다. 이토록 고독감이 짙게 서려 있는 장소에 오래 있어본 적은 처음입니다. 태평양 절해고도에서 보낸 고독보다, 소통하는 이 없는 서울의 고독보다, 더 원형질의 고독이 이곳에 존재합니다. 밤마다 천장 나무 사이로 얼굴을 내밀며 아는 체하던 생쥐마저 오늘따라 조용합니다. 나는 일어나 동굴 안 탑을 돌았습니다.

나는 외롭지 않다. 옴 마니 반메훔.
나는 외롭지 않다. 옴 마니 반메훔.

탑을 돌면서 주문처럼 되뇌었습니다. 내가 사랑하는 사람들이, 나를 사랑해주는 사람들이 도처에 있지 않은가, 나를 이곳까지 무사히 데려다준 마부를 떠올렸습니다. 해발 4000m가 넘는 그 험한 길을 몇 날이고 걸어서 오는 동안 그는 그저 환한 미소만 지었지요. 내가 히말라야에 간다고 하자 약품이라도 사가라며 경비를 쥐어준 친구도 생각했습니다. 이곳에 처음 도착하던 날, 사람이 그리워 곰파 절벽 계단을 나비처럼 날아서 내려오던 어린 라마승들을 생각했습니다. 인간의 가장 근본적인 두려움은 다른 인간들과 멀어지는 것인가 봅니다.

카
르
마

타라부자라는 큰 기도회가 열렸습니다. 이 사원을 부흥시킨 돌 초크 린포체를 기리는 기도회라고 했습니다. 곰파 맨 꼭대기 층에 있는 법당의 문이 열리고 라마승들이 다감이라는 의식용 외투를 걸치고 모여들었습니다. 좁은 공간이었지만, 나도 구석자리 하나 얻어 앉았습니다.

동굴 천장이 법당의 천장입니다. 푹탈곰파에서 가장 높은 곳이고 가장 비밀스런 장소입니다. 다섯 개의 큰 북이 매달려 있고, 북을 가운데 두고 라마승들이 양쪽으로 앉았습니다.

다섯 개의 북이 일제히 울리고 대형 바라가 동굴이 떠나갈 듯 울렸습니다. 눈을 가리고 있던 여러 신상들이 북소리와 바라소리에 몸을 부르르 떠는 것 같았습니다.
라마승들의 경 읽는 소리가 동굴에 반향되어 성스러운 소리로 바뀝니다. 분위기는 점점 고조되어 어두컴컴한 법당 안은 흥분된 상태가 되었습니다.
영혼을 흔드는 신비한 분위기에 내 의식은 무너져 내렸습니다. 나는 일종의 최면 상태에 들어갔습니다. 알 수 없는 그리움으로 눈물이 흘러내렸습니다.
의식이 끝나고 라마승들은 하나 둘 자리를 떴습니다.

"군장돌마는 왜 눈물을 흘렸을까요?"
어린 라마승이 노승에게 물었습니다.
"그건 카르마_전생의 업보_ 때문이지."

전생이라는 게 진정 존재하는 걸까요?
당신의 업보는 무엇인가요?

기다림

마부 앙두가 나를 데리러 오기로 한 날, 나는 온종일 초르텐이 늘어서 있는 동구 밖 길만 내려다보았습니다. 절해고도에서 나를 태워갈 배를 기다리는 심정입니다. 순례자, 성소, 이런 단어를 떠올리며 마음을 다잡아보았지만, 마음 저 밑바닥에는 이 험한 골짜기를 하루 빨리 벗어나고픈 본능이 도사리고 있었던 것 같습니다. 하루 종일 기다렸지만 앙두는 오지 않았습니다. 라마승들이 말이 온다고 몇 번이나 거짓말을 해 곰파가 웃음바다가 되곤 했지만, 끝내 앙두는 오지 않았습니다. 어릴 적, 장에 가신 어머니를 기다리느라 마을 어귀에서 고장 나 오지 않는 버스를 계속 기다린 적도, 어느 겨울 오지 않는 남자를 기다리느라 간이역 역사에서 추위에 꽁꽁 언 적도 있었지만, 이런 공간적 외로움으로 누군가를 애타게 기다려본 적은 없었습니다.

기다림을 참지 못하고 강변까지 내려가 보았습니다. 하지만 다리 건너 아스라이 바라보이는 길 위로는 움직이는 그 무엇도 보이지 않았습니다. 산 그림자 어둑어둑해질 때까지 보랏빛 노을이 내려앉는 강변에서 그렇게 서성거렸습니다.

마부가 사는 마을 사람이 말을 몰고 늦게 도착했지만 앙두는 오지 않았습니다. 앙두의 말이 풀을 찾아 높은 산 쪽으로 사라진 후 돌아오지 않았다고 했습니다. 앙두는 지금 말을 찾아 4000m가 넘는 히말라야 골짜기를 헤매고 있을 것입니다.

멀리 떠나와서야 깨달았습니다. 내가 이번 생에서 사랑하며 살아야 할 공간은 떠나 온 그 자리, 내게 가장 소중한 인연들은 두고 온 그들이란 것을…….

이별노래

흘러가는 강물소리,
곰파에서 울리는 고둥소리가
이별노래가 되었습니다.

아침 여덟 시, 고둥소리에 모여든 여러 라마승들에게 마지막 인사를 했습니다. 주지승 곤족 초스펠이 흰 명주 수건을 내 목에 걸어주며 무사히 돌아가기를 기원해주었습니다. 나는 꼭 다시 이곳을 방문하게 해달라고 기도했습니다. 내가 무엇인가를 간절히 원할 때 내 기원은 이루어질 것입니다.

어린 라마승들이 정말 떠나느냐며 나에게 물었습니다. 말은 하지 않았지만 서운한 기색이 역력했습니다. 시도 때도 없이 내 방을 찾아와 온갖 것에 관심을 쏟던 녀석들입니다. 여자가 한 명도 없는 곰파에서 짧은 시간이나마 아이들에게는 내가 엄마 같은 존재였나 봅니다.

아이들의 수군거림에 나는 마치 죄인처럼 그들을 똑바로 쳐다볼 수가 없었습니다. 사람이 귀한 곳이라 아이들이 나를 따른다고 생각했었습니다. 그러나 떠나는 순간 돌이켜보니 내가 사람이 그리워 아이들에게 의지를 많이 했던 것 같습니다. 이들과 함께 기도하며 생활했던 짧은 시간들이 어느새 새로운 인연을 만들었나 봅니다. 떠나려 하자 자꾸만 그 인연들이 발목을 붙잡았습니다.

아이들에게 눈물을 보이지 않으려고 모자를 푹 눌러 썼습니다. 그러나 아이들은 출가라는 큰 이별을 해본 경험이 있어서인지 나와의 이별에 오히려 의연해 합니다.

이들과 나는 어느 한 생에서
무슨 인연으로 만났던 적이 있었을까요?
이번 인연으로 다음 생에서 다시 만날 날이 찾아올까요?

마부 앙두가 그만 가자며 길을 재촉합니다.
떠나오며 올려다본 곰파는 뿌옇게 흐려졌습니다.

마부 앙두

마부 앙두, 그와 함께 며칠 동안 걸어야 할 길이 강변을 따라 끝없이 이어졌습니다. 말없이 뚜벅뚜벅 걸어가는 그의 존재는 큰 무게로 내게 다가왔습니다. 푹탈곰파 주지승이 친척이라는 앙두, 나를 안전하게 잘 데려다달라던 주지승의 부탁이 아니었더라도 그는 성실하게 길을 인도했습니다.

마부 앙두와 이곳까지 오면서 외딴집 한 방에서 밤을 지새울 때도 여러 번 있었지요. 낯선 이국 사내와 한 방을 쓴다는 것은 아무리 길 위의 인생일지라도 두려운 법입니다. 침낭의 지퍼를 머리까지 끌어 올리며 선잠을 잤던 적이 몇 번이나 있었지요. 하지만 눈을 떴을 때, 푸른 새벽 창을 향해 오체투지로 기도하는 앙두의 모습을 보며 나 자신이 얼마나 부끄러웠던지…….

앙두는 말에게 먹일 식량으로 보릿가루 뭉친 덩어리를 가져왔습니다. 쉬는 틈틈이 말들의 입에 보릿가루를 넣어주는 앙두에게 말들은 얼굴을 비비며 애정 표현을 합니다. 말과 마부의 끈끈한 정이 힘든 여정을 견디게 했습니다.
앙두는 말 한 마리에는 짐을 싣고, 다른 말 한 마리는 예비로 데리고 다녔습니다. 이곳으로 다시 들어올 때 짐을 싣고 오기 위한 것입니다.
여행길에 그를 만날 수 있었던 것은 나의 행운입니다. 그러나 그 행운도 끝이 날 뻔했던 사건이 발생했습니다.
이차르 마을로 오르는 길 주변은 말이 좋아하는 풀이 자라고 있습니다. 앙두는 이곳에서 말들에게 풀도 먹일 겸 쉬어가자고 했습니다. 보릿가루만 먹던 말들은 부드러운 풀 맛을 보자 정신없이 풀을 뜯었습니다.
어느 정도 말들의 배가 채워지자 앙두는 나에게 말을 타라고 했습니다. 오르막길에서 쩔쩔매는 나를 위한 앙두의 배려였습니다.

인생이 지구별로 여행 온 것이라면
썩 괜찮은 여행입니다.

말에 오르자 갑자기 말이 날뛰기 시작했습니다. 앙두가 말의 입에 재갈 물리는 걸 깜빡했던 것입니다. 말은 맛있게 풀을 먹다가 내가 타자 화가 단단히 난 모양입니다.

급경사 길에서 말과 나의 로데오 게임이 시작되었습니다. 발아래로는 강을 낀 까마득한 절벽이 패자를 기다리고 있었습니다. 말과의 로데오 게임을 하는 그 짧은 시간 동안 수많은 단상들이 스쳐 지나갔습니다. 당신의 내일보다 당신의 다음 생이 먼저 올 수 있다던 티베트 속담처럼 내일을 보지 못하고 이렇게 한 생이 끝나는구나.

이 세상에 끝나는 것이란 하나도 없다고, 일단 한 번 일어난 일은 언제까지나 계속된다고, 다만 여러 형태로 모양만 바뀔 뿐이라고, 그렇게 위안을 해보았지만 죽음이 두려운 것은 어쩔 수가 없었습니다. 길 위에서 떠돌았던 삶이 길 위에서 끝이 나려 하고 있었습니다.

살아오면서 참 많은 곳을 떠돌았지요. 먼지 날리는 인도 평원에서 아프리카 희망봉까지, 눈 내리는 안데스 고원에서 아마존 밀림까지.

선재동자는 아니었지만, 길 위에서 만난 사람들에게 삶의 지혜를 배웠습니다. 길에서 만난 그들이 나의 스승이었습니다.

늘 입버릇처럼 말했지요. 여행자는 길 위에서 생을 마감한다 해
도 그리 나쁠 것 같지 않다고……. 그러나 막상 죽음이라는 문
턱에 다다르자 논개가 왜장의 목을 껴안듯 그렇게 말의 목을 꼭
껴안고 버티고 있는 나 자신을 보았습니다.
"말이여! 제발 나를 떨어뜨리려면 저 절벽 아래로 떨어지게 해
큰 고통 없이 죽게 해주고, 아직 내가 할 일이 남아 있다고 여기
면 무사히 내려다오."
만약 이곳에서 심하게 다친다면 치료할 병원도, 약품도 없이 그
저 고통 속에 죽어갈 것입니다. 그것이 더 두려웠습니다.
내 간절한 부탁이 말에게 전해진 것인지. 마부 앙두의 필사적인
노력 덕인지, 아무튼 말과 나의 로데오 게임은 무승부로 끝이
났습니다. 무승부에 화가 덜 풀렸는지 말은 설산을 올려다보며
울부짖었습니다. 간신히 말 등에서 내려온 후에야 인간의 목숨
이란 참으로 보잘것없다는 생각을 했습니다.
앙두는 이렇게 무사한 건 푹탈곰파에서 당신이 열심히 기도한
덕이라며 두 손을 모았습니다. 나는 심성 고운 앙두 덕분에 큰
사고를 면했다는 말로 미안해 하는 앙두를 다독였습니다. 말도
나도 무사했다는 사실 하나만으로도 나는 많이 너그러워졌습
니다.

길 위의 인생

험한 길을 함께 걸어온 마부 앙두와 헤어질 시간입니다. 비록 그와 함께한 시간은 짧았지만 이번 생에서 그와의 만남은 진한 여운을 남겼습니다. 누군가의 삶에 길잡이가 된다는 것은 아무나 할 수 있는 일이 아니지요. 내가 이곳까지 무사히 올 수 있었던 것은 짐을 실어 나르는 저 말과 마부 앙두의 공이 큽니다. 그들이 아니었더라면 이 험한 골짜기까지 들어 올 수 없었을 것입니다. 세상만물은 인드라망_하늘나라에 있는, 이음새 마다 구슬이 달려 있어 서로를 비추고 비추어주는 한없이 넓고 큰 그물_의 그물망처럼 연결되어 있습니다.

통대곰파

통대곰파는 까마득한 산꼭대기에 있었습니다. 길은 지그재그로 나 있었지만 나는 무거운 배낭을 메고 차마 그곳까지 올라갈 엄두가 나지 않았습니다. 곰파들은 대부분 높은 곳에 있었지만, 이렇게 가파른 곳에 통대곰파가 있으리라곤 미처 생각하지 못했습니다. 이 곰파는 티베트 불교의 위대한 스승인 마르파가 창건한 유서 깊은 곰파입니다.

열 걸음마다 한 번씩 쉴 요량으로 곰파의 가파른 산길을 올랐습니다. 어린 라마승들이 붉은 옷을 나비처럼 나풀거리며 산길을 달려 내려왔습니다. 숨이 턱에 차도록 가파른 길이었지만 서쪽으로 바라다보이는 잔스카르 밸리의 풍광은 힘든 산길을 보상하고도 남았습니다.

히말라야 산맥으로 석양은 지고, 잔스카르 강은 역광을 받아 황금빛으로 빛났습니다. 초르텐 아래로 내려다보이는 통대 벌판은 거대한 한 폭의 만다라였습니다. 나는 오르막길의 어려움도 잊은 채 그 장엄한 풍경에 넋을 잃었습니다.

곰파의 본당 마당에는 금잔화가 주황색 꽃잎을 수줍게 드러내고 있었습니다. 마당 가운데 세워진 기도깃발 끄트머리로 황금빛 노을이 피어올랐습니다.

아래채 회랑에서는 다섯 명의 라마승들이 막 저녁식사를 끝내려던 참이었습니다. 그들은 늦은 시각 곰파를 찾은 불청객을 불러 저녁을 먹으라고 합니다. 저녁식사는 박뚝이라 불리는 수제비입니다. 곰파 규모로 봐서는 라마승이 많을 것 같은데, 곰파는 의외로 조용했습니다.

이곳에서 하루만 묵고 떠날 계획이었습니다. 하지만 이런 전망 좋은 곳에서 하루만 머문다는 것은 여행자에게 있을 수 없는 일이지요. 한 이틀 묵고 가겠다고 했더니, 노승은 한 열흘쯤 쉬어 가라며 껄껄껄 웃었습니다.

자연이 만들어낸 이런 풍경은
바라보는 것만으로도 신성이 느껴집니다.
자연은 곧 신(神)입니다.

한낮의 통대곰파는 쥐죽은 듯 조용합니다. 옥상에 올라 마을을 내려다봅니다. 마을 대부분의 소나 염소, 당나귀들까지 모두 아침 일찍 산으로 올라가버렸습니다.

보리밭과 완두콩밭으로 물길을 열어주던 농부들도 오수에 들었는지 움직임이 거의 없습니다. 마을은 굳어버린 화석처럼 적막하기만 합니다. 히말라야 산맥을 넘어온 구름들만이 잔스카르 밸리에 그림자 만들기 놀이를 하며 한낮의 무료함을 달래고 있었습니다.

경이로운 무위와 적막입니다. 곰파 외벽 한쪽 그늘에 개 한 마리가 졸고 있습니다. 이런 곳에서는 저 개처럼 꾸벅꾸벅 조는 것이 복잡하게 뒤엉킨 삶의 정글에서 벗어나는 길일 것입니다.

본당 아래에 있는 작은 방에 문이 반쯤 열려 있습니다. 문틈으로 안을 들여다보다 라마승과 눈이 마주쳤습니다.

라마승은 나더러 들어오라고 손짓을 합니다. 어두컴컴한 작은 방에는 수많은 탕카들과 불상들이 문틈으로 들어오는 빛을 받아 되살아나고 있었습니다. 어둠에 눈이 익자 오래된 벽화들이 눈에 들어오기 시작했습니다.

"이 방이 곰파에서 가장 오래된 방입니다. 저 벽화들은 천 년의 시간을 품고 있는 벽화들이지요."

이름도 모르는 라마승은 천 년의 시간 속으로 나를 인도했습니다. 티베트의 현자들인 벽화 속 마르파와 네충을 알려주었고, 삼만 수의 시를 지어 티베트 사람들에게 시적 영감을 주었던 성인 밀라레파도 만나게 해주었습니다. 그의 노래가 천 년이 넘은 방에서 들려왔습니다.

인생은 빨리 지나가고
죽음은 머지않아 그대 문 두드리리
아무리 사랑하는 가족이라도
생사윤회에서 붙잡아둘 수 없는 법
이제 참된 스승에게 의지할 때가 왔도다.
진리를 수행할 때가 왔도다.

- 밀라레파의 시 중에서 -

장글라

이틀 동안 묵었던 통대곰파를 뒤로 하고 빙하에서 흘러내린 하천을 따라 걸었습니다. 말라버린 하천 곳곳에 붉은 찔레꽃이 만발해 있습니다. 해는 떠올라 산봉우리 위에 걸쳐 있고, 등에는 벌써 땀이 맺히기 시작합니다. 강렬한 태양은 머리 위에서 이글거리고, 피할 그림자 하나 없는 길을 걷고 또 걸었습니다. 한 발 한 발, 길은 앞으로 나아가는데, 떠나온 통대곰파 설산은 그대로입니다. 험준한 바위산들 사이로 길은 나 있으나 인적 없는 길입니다. 지금 이 길은 오롯이 나만을 위한 길입니다. 두 발을 움직여 앞으로, 앞으로 내딛는 걸음마다 내 무거운 카르마가 줄어들지 모릅니다. 무거운 배낭의 무게가 업보마냥 짓누르고 있습니다. 육체적으로 편안한 삶을 거부하고 고행하며 얻는 것이 과연 무엇인지, 걷는 내내 나 자신에게 묻고 또 물었습니다.

제법 큰 마을이 나타났습니다. 험준한 바위산들 사이로 잔스카르 강이 마을을 휘감아 흐르고, 마을 곳곳에는 많은 불탑들이 있습니다.

한 사내가 차를 마시고 쉬어가라 합니다. 전형적인 티베트 양식의 집은 겉보기와는 달리 깨끗하고 넓었습니다. 밭에서 일을 하는 딸을 불러 차를 끓여 내왔습니다. 그는 나를 이층 기도실로 안내했습니다.

기도실에는 웬만한 사원보다도 더 많은 탕카들과 불상들이 있었습니다. 비단 보자기에 싼 수많은 경전들과 수작업으로 찍어낸 경전들, 보기만 해도 몇 백 년은 되어 보이는 탕카들, 나는 입이 떡 벌어졌습니다. 히말라야 깊은 골짜기 평범한 가정집에 이렇게 진귀한 불교 용품들이 숨어 있을 줄은 상상도 못했습니다. 밭에서 일을 하던 그의 아내가 돌아왔습니다. 주방에는 커다란 구리 항아리가 물통으로 사용되고 있었습니다. 조상 대대로 내려온 것이라는데, 족히 몇 백 년은 되어 보였습니다. 오래된 것이 다 좋을 순 없겠지만, 구리 항아리 곁에 놓여 있는 플라스틱 물통은 정말 초라해 보였습니다. 그녀는 보릿가루를 반죽해 찐 것을 먹으라고 내왔습니다. 먹어보니 영락없는 보리개떡입니다. 어릴 적 시골에서 먹어본 이후 처음입니다. 보리개떡 이름이 바바라고 했습니다.

목조 다리가 나타났습니다. 다리 아래 앉아 흘러가는 강물에다 지친 두 발을 담갔습니다. 회오리바람이 불어와 구멍 난 양말 한 짝을 강물에 날려버렸습니다. 나는 한 짝의 양말도 마저 강물에 실려 보냈습니다.

나 대신 멀리멀리 가거라.
내가 너를 신고 걸을 수 있는 거리보다도
더 멀리멀리 가거라.
흘러, 흘러 인더스 강을 만나고,
바다까지 흘러가거라.

조모곰파

파둠에서 잔스카르 강을 따라 35km 정도 내려온 골짜기에 장글라는 자리하고 있었습니다. 이곳에 옛 잔스카르 왕국이 있었다고 합니다. 마을 입구 바위산에는 그 당시의 성채가 마을을 내려다보고 있습니다. 마을 서쪽 언덕에 있는 조모곰파로 향했습니다. 조모란 비구니란 뜻입니다. 붉은 찔레꽃이 만개해 곰파를 장식하고 있었습니다. 곰파에는 어린 여자아이들이 승려가 되겠다며 붉은 옷을 나풀거리며 뛰어다녔습니다. 붉은 치맛자락이 어릴 적 입었던 한복 같아서 친근하게 다가옵니다. 붉은 치마에 색동저고리 입고 뛰어 놀던 시간들이 손에 잡힐 듯합니다.

저녁이 되자 한 조모가 풀밭에 풀어놓았던 소를 몰고 곰파로 돌아왔습니다. 우유를 짜서 분배하는 모습이 여느 유목민 아낙과 똑같습니다. 곰파의 살림을 맡고 있는 조모 처링은 아침이면 일어나 기도를 한 후 먼저 삽을 들고 산 중턱으로 향합니다. 빙하에서 흘러 내리는 물길을 곰파 쪽으로 트기 위해서입니다. 밤에는 빙하의 물길이 밭으로 흐르게 하고 낮이면 마을의 각 가정으로 물길을 터 생활용수로 사용합니다. 젖소를 풀밭으로 옮겨다 놓으면 이제부터 곰파에서의 일과가 시작됩니다.

밀가루를 반죽해 짜파티를 굽고 차를 끓여 아침을 준비합니다. 조모들 중 각자 방에서 식사를 해결하는 이도 있지만, 연세가 많은 조모와 어린 조모들은 처링의 손길을 필요로 합니다. 그녀의 허리에 찬 열쇠꾸러미며 노동으로 인한 거친 손마디가 우리네 종갓집 맏며느리를 연상시킵니다.

점심시간이 끝나면 처링은 곰파 입구에 있는 그의 방에서 비로소 경전을 펼쳐들 수 있습니다. 짧지만 하루 중 가장 소중한 시간이라며 그녀는 행복해 합니다. 처링의 방은 한 사람 누우면 딱 맞을 좁은 공간이지만 조망만은 어느 특급 호텔보다도 뛰어납니다. 히말라야 설산들이 장쾌하게 펼쳐져 있고, 잔스카르 강이 만들어낸 너른 들이 처링의 작은 창 안으로 다 들어옵니다.

"참 아름답지요. 삼라만상이 저마다 신성을 갖고 있어서입니다."

단순하고 건강한 삶에 감사하는 처링 앞에 감각적인 욕망에 쫓겨 주변을 돌아볼 겨를이 없었던 서울에서의 생활이 고개를 숙입니다. 낭랑하게 경전을 읽는 처링의 모습을 오래 지켜보았습니다. 그 풍경을 보는 것만으로도 내게는 큰 가르침입니다.

꽃이 피는 것도,
바람이 부는 것도,
다 신성이라며
처링은 환히 웃었습니다.

노승 텐진이 내가 떠난다는 소리에 기어이 눈물을 보였습니다.
겨우 며칠 동안인데……. 사진을 찍자고 하면 도망가고, 모른
척하고 있으면 찔레꽃 꺾어들고 사진 찍어달라고 조르던 노승.
잠깐 스쳐가는 인연이지만 그 울림만은 깊었나 봅니다.

사람의 정이 그리운 이들은
바람처럼 스쳐가는 인연에게도
마음을 열어두나 봅니다.

축복의 시간

· 린포체의 축복
· 축제, 사랑을 위하여
· 총카파여 나는 알고 있답니다
· 기곰파의 가을
· 카자행 마지막 버스

카자 행 마지막 버스

그람푸라는 삼거리에서 혼자 버스에서 내렸습니다. 이틀 동안 함께 타고 왔던 사람들이 손을 흔들었습니다. 버스 조수는 이곳에서 카자 행 버스를 탈 수 있다고 했습니다.

움막으로 지은 간이음식점들이 축사처럼 길가에 을씨년스럽게 웅크리고 있을 뿐, 사방 어디에도 마을 같은 것은 보이지 않았습니다. 저만큼 버스 한 대가 뿌연 흙먼지를 뿌리며 산굽이를 막 돌아가고 있었습니다. 혹시, 저 버스를 타야 하는 건 아닐까? 불안한 생각이 들었지만 배낭을 길바닥에 팽개쳐둔 채 움막 안으로 들어갔습니다. 축사 같은 움막 내부는 창이 없어 어두컴컴했습니다.

"카자 행 버스가 몇 시에 있습니까?"
머리에 수건을 칭칭 동여맨 여자가 찻주전자를 들고 나를 쳐다보았습니다. 그녀는 턱으로 방금 버스가 사라진 쪽을 가리켰습니다. 때 묻은 플라스틱 의자에 앉아 뚝바를 먹던 사람들의 시선이 일제히 내게로 쏠렸습니다. 말을 하지는 않았지만 어쩌나 하는 표정들입니다.
"카자에 가십니까?"
한 사내가 일어나 계산을 하며 나에게 말을 걸었습니다. 양복 차림의 사내 손에는 이곳 풍경과는 어울리지 않는 007가방이 들려 있었습니다.
"어쩌지요. 이제 마지막 버스만 남았는데……. 아마 한참을 기다려야 할 것입니다."
사내를 따라 일행인 것 같은 사람들이 우르르 밖으로 몰려갔습니다. 가게 앞에는 사내가 타고 온 지프 한 대가 서 있었고, 차에는 짐들이 지붕까지 가득 실려 있었습니다. 사방을 둘러보았지만 앞도 첩첩 뒤도 첩첩, 그야말로 히말라야 첩첩산중입니다. 이곳에서 몇 시간을 기다려야 할 것을 생각하니 두 다리에 힘이 쑥 빠집니다. 암만 떠돌이 여행자일지라도 이럴 때는 여행을 끝내고 싶은 심정입니다.
배 속에서 꼬르륵 소리가 크게 났는지 밥을 나르던 소년이 나를 쳐다보았습니다. 그제야 온종일 아무것도 먹지 못했다는 걸 알았습니다. 소년을 불러 같은 걸로 하나 달라고 하자 소년은 컴컴한 주방을 향해 "라이스 앤 달" 하고 소리쳤습니다.

풀기라곤 하나도 없는 쌀밥에 콩 스프 달이 끼얹어 나왔습니다. 밥을 막 뜨려는 순간 먼저 나갔던 사내가 나를 불렀습니다. 지프 뒷자리라도 괜찮다면 함께 타고 가자고 합니다. 지프 짐칸에 실려 있던 짐들이 지프 지붕으로 올라가고 대신 그 자리가 내 차지가 되었습니다. 마치 누군가에게 납치되어 가는 것처럼 짐칸에 실려 졌습니다. 장날이면 버스 꽁무니 짐칸에 실려가던 돼지의 모습이 순간 떠올랐습니다. 입안에는 미처 씹지 못해 굴러다니던 콩이 가뜩이나 심란한 심사를 돋우고 있었습니다. 차는 어딘지 알 수 없는 골짜기를 향해 끝없이 들어갔습니다. 바라보기만 해도 입안이 서걱거려오는 메마른 풍경들이 차창 밖으로 스쳐 지나갔습니다. 이따금씩 수십 마리의 염소와 양떼들이 지프를 포위하곤 했지만, 사방을 둘러봐도 집은커녕 유목민 움막 한 채 보이지 않았습니다. 이렇게 먼 길을 가다 보면 언제쯤 목적지에 도착할까, 조바심 낼 필요도 없습니다. 그저 바퀴 굴러가는 데로, 구름 흘러가는 데로 가다 보면 언젠가는 목적지에 닿게 될 것입니다. 조바심 같은 것은 저 계곡 아래로 던져버리고 눈을 감아버렸습니다.

여행을 뜻하는 단어 트레블의 어원이
고대 희랍어로 고문 방망이라는 말이 떠올랐습니다.

키곰파의 가을

스피티 강이 만들어낸 강변 단애에는 수많은 보살상들이 입시해 있고, 앞산은 구름을 기도수건인 카타처럼 목에 두르고 부처가 되어 앉아 있습니다.

키곰파 부처들이 모두 앞산으로 나왔습니다. 이보다 더 좋을 수 없는 천혜의 성소입니다. 추수가 끝나가는 마을 들판은 한 폭의 아름다운 만다라입니다. 산마루에 걸려 있는 기도깃발인 타루초가 바람에게 기도의 말을 전합니다.

옴 마니 반메훔.
옴 마니 반메훔.

키곰파에 방 하나 잡아두고 산길을 걸어 마을로 내려갔습니다. 마을은 보리추수와 건초 만들기가 한창입니다. 지붕 옥상에는 건초가 쌓여가고, 완두콩 넝쿨은 말려서 건물 옥상에 쌓아둡니다. 추운 겨울을 가축과 나려면 많은 건초가 필요합니다.
추수가 끝난 밭은 소와 염소, 그리고 아이들 차지입니다. 빈 들판에서 크리켓 경기를 즐기고, 염소와 소는 그동안 들어갈 수 없던 울타리를 넘어 마음대로 밭을 돌아다닐 수 있습니다. 여름 내내 신선한 풀을 먹은 염소와 소는 토실토실 살이 올랐습니다. 이 정도면 추운 겨울을 나기에 문제가 없을 것 같습니다.

마을에서 올려다본 키곰파는 마치 산봉우리 같았습니다.
천 년 동안 저곳에서 마을을 지켰을 것입니다.

하루 한 번 있는 키곰파 행 버스는 기다려도 오지 않고, 가을을 재촉하는 비가 추적추적 내렸습니다. 어두운 산길을 걸어 곰파로 올라가기에는 이미 글렀습니다. 마을 처마 밑에 쭈그리고 앉아 있자니 온몸이 부들부들 떨려왔습니다.

한 꼽추 여자가 내 모습이 안쓰러웠는지 보온 주전자를 들고와 차를 따라주었습니다. 그녀는 여승이었습니다. 따끈한 차 한 잔을 마시자 그녀의 따스한 마음이 전해져왔습니다. 어제는 버스 안에서 나와 얼굴이 닮았다는 이유로 이곳 아낙이 살구를 듬뿍 집어주었지요.

이들로부터 받은 사랑을 크게 키워 남들에게 베풀 수 있다면 여행의 절반은 성공한 것입니다. 다리를 저는 한 노파가 냄비처럼 생긴 쇠붙이를 두드렸습니다. 꼽추 여자는 저녁을 먹자며 손을 끌었습니다. 그곳은 사하촌 양로원 같은 곳이었습니다. 머무는 대부분의 사람들은 오갈 데 없는 나이 들고 몸이 불편한 여승들이었습니다. 몸조차도 제대로 가누지 못하는 여승들이 줄을 서서 빵 배급을 받고 있었습니다. 부처의 품안에서 평생을 보낸 승려들도 노년에는 쓸쓸하고 비참해 보이기는 매 한 가지인가 봅니다.

하루 한 번 있는 버스 불빛이 산굽이를 돌아 비추자 꼽추 여자가 더 좋아합니다. 키곰파 버스 정류장에서는 밤늦게까지 돌아오지 않는 나를 위해 두 라마승이 기다리고 있었습니다.

해발 4000m가 넘는 이곳은 해가 지자 많이 추웠습니다. 팔을 드러내놓고 다니던 라마승들이 "아추추" 하며 두르고 다니던 숄로 팔을 감쌉니다. 양 팔을 부르르 떨면서 하는 행동이 우리의 '아추워'와 발음이 비슷합니다. 내가 부르르 떨면서 "아 추워" 하자 라마승들의 눈이 동그레졌습니다.

곰파 아궁이에 불이 지펴지고 우리는 둘러앉아 늦은 저녁을 먹었습니다. 비록 불어터진 수제비 국물이지만 어느 진수성찬보다도 맛있습니다. 바람이 곰파 지붕을 날려버릴 듯이 세차가 붑니다. 키곰파의 가을은 그렇게 깊어가고 있었습니다.

충카파여 나는 알고 있답니다

새 불상 속에 들어갈 경문을 만드느라 조용하던 곰파가 바빠졌습니다. 늘 잠겨 있기만 하던 법당 문이 활짝 열리고, 경문이 인쇄된 종이를 둥글게 말아 노란 천으로 하나하나 쌌습니다. 각 경문마다 크기가 달라 작업은 복잡하기만 합니다. 라마승들도 자주 있는 일이 아니라며 책을 보면서 만들어갑니다.

새 불상을 위한 성대한 의식이 열렸습니다. 주방에서는 모모가 빚어졌고, 인근 곰파에 있는 라마승들도 참석했습니다. 라마승 툽텐과 체왕이 불상 안에 넣을 보석을 시장에서 구해왔습니다. 세 개의 불상이 얼굴을 천으로 가린 채 거꾸로 세워졌습니다. 먼저 진주와 터키석 빛깔의 보석이 들어갔습니다. 그리고 경문이 적힌 만트라를 차곡차곡 채워 나갑니다. 사이사이 방부제를 섞은 향가루가 채워졌습니다. 라마승들이 반지 같은 귀중품들을 앞 다투어 넣었습니다.
알곡식이 뿌려지고, 불상은 봉인되었습니다. 2008년 여름 키곰파의 타임캡슐은 그렇게 만들어졌습니다. 완성된 불상은 총카파 상이었습니다.

총카파여 나는 당신의 속을 훤히 알고 있답니다.
노란 꼬갈 모자를 쓴 총카파가 빙그레 미소를 지었습니다.

축제, 사랑을 위하여

곰파의 젊은 라마승들이 저녁을 먹고 축제장으로 가겠다며 술렁거렸습니다. 날이 어두워지자 어디선가 구해온 트랙터를 타고 축제장으로 떠났습니다. 그 중 몇 명은 승복을 벗고 청바지 차림으로 합세했습니다. 나는 곰파 옥상에서 털털거리며 어두운 산길을 돌아가는 트랙터의 불빛을 지켜보았습니다. 라마승과 축제, 언젠가 보았던 영화 《삼사라》를 떠올렸습니다. 동굴 속에서 오랫동안 수행한 끝에 깨달음을 얻어 돌아온 주인공은 많은 사람들의 추앙을 받으며 사원에서 수행하며 지내게 됩니다. 그러던 어느 날 마을에서 축제가 열리고 축제장에서 한 아가씨와 사랑에 빠지고 말았습니다. 몇 년 동안의 동굴 수행은 허사가 되었고, 주인공은 사원을 나와 여자와 가정을 이루고 살게 됩니다. 그러나 그는 끝내 가정에 안주하지 못하고 다시 수행자의 길로 돌아간다는 줄거리입니다.

오늘 밤,
축제장으로 떠난 라마승들 중,
돌아오지 않을 라마승은
몇이나 있을까요?

타보곰파에서 축제가 열렸습니다. 주변 마을 사람들이 민속 의상을 입고, 손에는 성수 주전자와 꽃을 들고 곰파로 몰려왔습니다. 카자에서 노점상을 하던 카르마도 어머니와 함께 좌판을 이곳으로 옮겼습니다. 그의 어머니는 어릴 적 티베트 시가체에서 망명길에 올랐다고 했습니다. 카자 버스 정류장 입구에서 완구 몇 가지를 벌려놓고 팔던 툽텐도 보따리를 싸 들고 왔습니다. 그도 티베트에서 망명한 사람입니다. 고향땅이 조금이라도 가까운 이곳에 티베트 망명자들이 자리를 잡았습니다. 이곳에서 수틀레지 강을 따라 조금만 거슬러 올라가면 티베트 서쪽 카일라스 산 부근입니다. 중국의 티베트 점령 후 그 길은 막혀버렸습니다.

라마승 서너 명이 탈을 쓰고 춤을 춥니다. 티베트 큰 사원에서 행해지는 가면 춤에 비하면 아주 소박한 규모입니다. 춤이 끝나자 이번에는 이곳 사람들의 민속무용이 펼쳐졌습니다. 스피티 지방 농요에 따라 아낙들의 춤이 시작되었습니다. 농사일을 하던 투박한 손으로 춤사위를 만들어가려니 거칠고 단조롭기 그지없습니다. 수줍어하며 춤추는 모습이 어떤 세련된 공연보다도 가슴에 와 닿는 것은 그들의 순수성 때문일 것입니다. 아낙들의 춤이 끝나자 소녀들의 춤이 시작되었습니다. 그들의 춤동작 하나하나가 마치 내 유전자에 새겨져 있기라도 한 듯 익숙하게 다가왔습니다.

춤추는 저 소녀처럼 나도 한때 이곳 소녀였습니다.
춤추는 저 아낙처럼 나도 한때 이곳 아낙이었습니다.
한때는 히말라야를 넘나드는 구름이었다가,
한때는 수틀레지 강을 구르는 돌멩이였다가,
지금은 이렇게 여행자가 되었습니다.

여자들의 춤이 끝나자 이번에는 남자들의 춤이 시작되었습니다. 여덟 명의 남자들이 한없이 느리게 춤을 춥니다. 엇박자의 북소리까지 우리의 학춤을 많이 닮았습니다. 이곳에서는 저 춤사위마냥 시간이 천천히 흘러갑니다. 진양조 가락의 삶입니다.

린포체의 축복

그가 주재하는 큰 기도회가 열렸습니다. 마을 사람들은 그에게 축복을 받기 위해 마을 끝까지 줄을 섰습니다. 수많은 동네 개들도 축복의 대열에 끼어들었습니다. 연단 좌우로는 고승들이 자리를 잡았고, 그는 가운데 사자좌에 올랐습니다.

그를 처음 만나던 날, 비가 부슬부슬 내렸습니다. 손에, 손에 성수주전자와 꽃다발을 든 순례자들 틈에서 나도 그를 기다렸습니다. 막 곰파에 들어서던 그와 눈이 마주쳤습니다. 그는 나를 보고 환하게 미소 지으며 손까지 흔들어주었지요. 그의 미소가 무애심이 되어 내 마음을 환하게 밝혔습니다. 그 미소가 훼손될까봐 그가 들어간 곰파 주위를 돌고 또 돌았습니다.

그는 네충사원의 쿠텐 린포체였습니다. 린포체란 고승의 환생자로 티베트에서는 곧 그들이 신의 중재자입니다. 쿠텐은 접신 상태에서 초월적 능력을 나타내기도 하며 예언을 하기도 합니다.
네충 사원은 티베트의 국가적 중대사를 결정하던 신탁 사원으로 티베트 토속종교인 뵌교와 혼합된 사원이라고 볼 수 있습니다. 네충이란 수호신이라는 의미로 그 사원의 린포체를 쿠텐이라고 합니다.
쿠텐은 달라이 라마의 인도 망명을 예언했고, 달라이 라마와 같이 다람살라로 망명했습니다. 지금도 그는 티베트 임시정부가 있는 다람살라에 있습니다. 쿠텐은 한때 달라이 라마를 넘어서는 무소불위의 권력을 자랑하기도 했습니다.
맨 앞줄에는 노인들이 앉았습니다. 어쩌면 생애 마지막일지 모르는 린포체의 법문을 듣기 위해 그들은 온 귀를 열어 두었습니다. 이곳에 모인 여러 순례자들은 린포체와 가까이 있다는 사실만으로도 행복해 하는 것 같았습니다.
티베트어로 들려주는 그의 법문은 알아들을 수 없었지만 목소리는 부드럽고 깊은 울림으로 다가왔습니다. 이런 느낌이 축복인가 봅니다.

빛바랜 타보곰파의 벽화에는 천년의 시간이 담겨 있습니다.
그 오래된 시간은 미래의 어느 시점에서 다시 만날 것입니다.

불탑 너머로 뭉게구름
뭉실뭉실 피어올랐습니다.
흘러가는 구름 하나하나가
다 부처입니다.

어떤 사람의 에너지와
간접적으로 만나는 것도
하나의 축복입니다.
만나는 순간 상서로운 기운들이
전달되기 때문입니다.

에필로그

그해 여름, 나는 생의 벼랑 끝에 서 있었습니다.
천년만년 함께 할 것 같았던 인간관계들은 물질 앞에서 사상누각처럼 무너져 내렸습니다. 어디론가 숨고 싶은데, 어디론가 떠나고 싶은데, 마땅히 숨을 곳도 마땅히 떠날 곳도 이 지구별에는 없어보였습니다.

엄마가 그리웠습니다. 고향집이 그리웠습니다. 유년의 시간으로 돌아가 엄마 치마폭에 숨고 싶었습니다. 그러나 나를 반겨 줄 엄마와 고향집은 이제 어디에도 없습니다.
그 무렵, 10루피로도 행복을 살 수 있었던 라다크에서 소식이 날아왔습니다. 내 마음 속 또 다른 고향인 그곳에서 나를 기다리는 사람들이 있다고……. 나는 상처 입은 영혼으로 그곳이 고향이라 우기며 히말라야로 숨어들었습니다.

그곳에서 보낸 여름 한철, 죽을 만큼 외로웠지만 나를 치유해준 것은 그들의 따뜻한 마음 씀씀이와 10루피짜리 작은 행복들이었습니다. 나는 그 작은 행복들을 찾아 히말라야 골짜기를 떠도는 순례자가 되었습니다.

긴 여행에서 돌아와 보니 미국 발 금융위기로 나라는 물론이고 내 경제적 상황은 더 나빠져 있었습니다. 그래도 불행 중 다행인 것은 삶의 고통을 견디는 것에 대해 나 자신 어느 정도 면역이 생겨 돌아왔던 것입니다.

먹을 것 없어 고생했던 그곳 생활에 비하면 집안에 라면 한두 개만 있어도 든든했습니다. 그곳에서 먹던 거친 보릿가루 식사에 비하면 보드라운 이밥 한 그릇에도 눈물이 나게 행복했습니다. 산소가 부족한 고산지대에 비해 숨쉬기가 넉넉한 공기도 고마웠습니다. 작은 것에도 행복해지는 비밀을 그곳 히말라야 사람들은 내 사진기에, 내 여행 가방에 담아주었습니다.

어느 모임에서 히말라야에서 찍어온 내 사진을 함께 보자는 제의가 들어왔습니다. 빔 프로젝트에서 쏟아져 나오는 빛 속에서 한 소년이 웃고 있습니다. 불탑을 돌며 기도하던 막내 남갤입니다.

신비의 동굴 사원에는 어린 라마승들과 인근 마을에서 온 아이들이 공부하는 학교가 있습니다. 인근 마을이라고는 하지만 하루나 이틀 정도씩 꼬박 걸어야만 당도할 수 있는 거리 때문에 여름 한철 아이들은 사원에 맡겨져 공부를 합니다.

세상과 격리된 채 사원에서 공부하는 어린 아이들은 책가방이 따로 없었습니다. 눈으로 고립되는 겨울, 헬기에서 떨어뜨려주는 비상식량 마대자루가 아이들의 책가방이었습니다. 내가 여분으로 가져간 대형 마트의 글씨가 새겨진 비닐봉지가 아이들에게는 훌륭한 책가방이 되었습니다. 아이들은 내가 메고 간 카메라 가방을 만져보고 또 만져보며 부러워했습니다.

동굴 안에는 불탑이 있습니다. 그 불탑을 돌며 기도를 하면 소원이 이루어진다며 어린 라마승 남걀이 기도를 했습니다. 여덟 살짜리 저 아이의 고사리 같은 손으로 올리는 기도는 무엇일까? 소년의 기도가 끝난 후 나는 짓궂게 물었습니다. 무슨 소원을 빌었느냐고. 소년은 장난스럽게 손가락으로 내 카메라 가방을 가리키며 말했습니다.
"이런 가방을 갖게 해달라고 신께 빌었어요."
작은 욕심을 말해버린 소년은 부끄러웠는지 그냥 해본 소리라며, 그런 기도 안 했다며 쑥스러워하며 달려갔습니다. 그렇지만 가방을 갖고 싶은 속내는 이미 들통나버렸습니다.
그 후, 탑을 돌 때 비는 내 소원이 바뀌었습니다.
"신이시여 저 아이들에게 줄 책가방을 사서 제가 다시 이곳에 올 수 있도록 해주세요."
가방을 갖게 해달라던 남걀의 기도와 내 기도가 이루어진 것일까요? 그곳에 가방을 보내주겠다는 후원자가 나타났습니다. 소년의 기도를 들어주신 분은 동굴 사원의 신이 아닌, 가방을 만들어 이태리로 수출하는 MH인터내셔날 박문호 회장님이셨습니다.
아이들이 좋아할 만한, 알록달록한 가방을 담은 두 개의 화물박스가 동굴 사원으로 보내졌습니다. 가방은 배에 실려 한 달 뒤면 인도에 도착할 것입니다. 그곳에서 히말라야 산맥을 넘는 대장정이 시작될 것입니다. 문제는 과연 그 가방들이 무사히 남걀과 그곳 아이들에게 전해질 수 있느냐는 것입니다. 그런 걱정으로 화물 박스에 주소와 함께 큼지막하게 동굴 사원의 사진과 주지 라마승의 사진을 붙였습니다. 혹 주소가 명확하지 않아도 사진만으로도 그곳까지 무사히 도착할 수 있도록…….
히말라야 산맥에 눈이 녹는 여름쯤이면 사원으로 가는 길이 열리고, 아이들의 가방은 일주일 동안 말에 실려 동굴 사원으로 향할 것입니다. 가방을 메고 좋아할 어린 라마승들 생각에 절로 입가에 미소가 번집니다. 동굴 사원에 잠시 머무르는 것만으로도 마음의 상처가 치유된다던 전설을 이제야 알 것 같습니다.

2011년 2월 25일 초판 1쇄 펴냄

지은이 이해선
발행인 김산환
편집인 윤소영
편집 이상재 조동호
디자인 이영규
출력 나모에디트
인쇄 정민문화

펴낸곳 꿈의지도
주소 경기도 김포시 풍무동 759 유현마을 213-1004
전화 070-7535-9416
팩스 0505-991-9416
홈페이지 www.dreammap.co.kr
출판등록 2009년 10월 12일 제82호

ISBN 978-89-963850-6-6-13980

※ 이 책의 판권은 지은이와 꿈의지도에 있습니다.
  지은이와 꿈의지도 허락 없이는 어떠한 형태로도
  이 책의 전부, 또는 일부를 이용할 수 없습니다.
※ 잘못된 책은 바꾸어 드립니다.